本书为国家重点研发计划课题"长江流域文明进程研究"（课题编号2020YFC1521603）和"中华文明起源进程中的生业、资源与技术研究"（课题编号2020YFC1521606），以及国家文物局"考古中国"重大项目"长江下游区域文明模式研究"的阶段性成果。

丛书编委会

主 编：

方向明　陈明辉

编委成员（按姓氏拼音排序）：

陈　虹　　高　洁　　姬　翔　　蒋卫东　　金　瑶　　孔懿翎　　李　晖　　李晖达　　李默然

李新伟　　连蕙茹　　梁慧娟　　梁颖琪　　林　森　　刘安琪　　刘　斌　　刘亚林　　秦小丽

沈晓文　　施兰英　　时　萧　　宋　姝　　宋志华　　苏明辰　　孙海波　　孙瀚龙　　陶　豫

王宁远　　王　正　　闻　雯　　武　欣　　夏　勇　　闫凯凯　　于振洋　　张　萌　　张　森

张依欣　　周黎明　　朱叶菲

世界古文明译丛
Ancient Civilizations of the World

Scribes, Warriors and Kings

The City of Copán and the Ancient Maya

书写者、武士和国王

科潘城邦和古代玛雅

[美]威廉·L.费什 著

孙瀚龙 张 森 译

ZHEJIANG UNIVERSITY PRESS
浙江大学出版社
·杭州·

图书在版编目（CIP）数据

书写者、武士和国王:科潘城邦和古代玛雅/(美)
威廉·L.费什著;孙瀚龙,张森译.--杭州:浙江大
学出版社,2022.8
　（世界古文明译丛 / 方向明,陈明辉主编）
　书名原文: Scribes,Warriors and Kings: The
City of Copan and the Ancient Maya
　ISBN 978-7-308-22773-5

　Ⅰ. ①书… Ⅱ. ①威… ②孙… ③张… Ⅲ. ①玛雅文
化—研究 Ⅳ. ①K731.2

中国版本图书馆CIP数据核字(2022)第110130号

Published by arrangement with Thames & Hudson Ltd,London,
Scribes,Warriors & King © 1991 Thames & Hudson Ltd,London
This edition first published in China in 2022 Zhejiang University Press
Co.,Ltd,Hangzhou
Chinese Edition © 2022 Zhejiang University Press Co.,Ltd Hangzhou
All rights reserved

浙江省版权局著作权合同登记图字：11—2022—146

书写者、武士和国王：科潘城邦和古代玛雅
SHUXIEZHE WUSHI HE GUOWNAG: KEPAN CHENGBANG HE GUDAI MAYA
[美]威廉·L.费什　著　孙瀚龙　张　森　译

丛书策划	陈丽霞　丁佳雯
责任编辑	丁佳雯
责任校对	黄梦瑶
责任印制	范洪法
封面设计	程　晨
出版发行	浙江大学出版社
	（杭州市天目山路148号　　邮政编码　310007）
	（网址：http://www.zjupress.com）
排　　版	杭州林智广告有限公司
印　　刷	浙江海虹彩色印务有限公司
开　　本	710mm×1000mm　1/16
印　　张	13.75
字　　数	212千
版 印 次	2022年8月第1版　2022年8月第1次印刷
书　　号	ISBN 978-7-308-22773-5
定　　价	68.00元

审图号：GS浙（2022）62号

总　序

大九州：中国考古学的世界性

中国考古学，其研究主题，自然是中华文明的起源和发展。中华文明熔多元为一体，绵延 5000 多年，依然年少，朝气蓬勃，特质鲜明。要讲好中华文明的故事，中国考古学自然需要"中国特色、中国风格和中国气派"。但我们越是心系中国，就越应该胸怀世界。战国人邹衍已经认识到，"儒者所谓中国者，于天下乃八十一分居其一耳。中国名曰赤县神州，……中国外如赤县神州者九，乃所谓九州也"。构建"最中国"的考古学，需要"最世界性"的胸怀，放眼此"大九州"。

百年之前，1921 年，以仰韶遗址的发掘为标志，中国考古学诞生。其刚睁开双眼，就看到了中国之外的世界。仰韶遗址的发掘者安特生，是为中国政府和科研机构工作的瑞典学者。他发掘的起因，是仰韶遗址彩陶的"世界性"，即与土库曼斯坦的安诺遗址、黑海西岸的特里波利遗址的彩陶颇为相似。发掘确立了中国第一个史前文化——仰韶文化，中华文明起源的科学探索迈出关键一步；但同时高声发出"世界性"的提问：中国远古之文化，是否跨越辽阔的欧亚草原，自西而来？

应声而起的第一代中国考古学家，同样有开阔的世界视野。在哈佛大学学习人类学并获得博士学位的李济，"想把中国人的脑袋量清楚，来与世界人类的脑袋比较一下，寻出他所属的人种在天演路上的阶级出来"，要是有机会，他还想去中国的新疆、青海、西藏，印度以及波斯去"刨坟掘墓、断碑寻古迹，找些人家不要的古董，来寻绎中国人的原始出来"。

梁思永，同样在哈佛大学获得博士学位，以经典西方考古地层学方法，识别"后岗三叠层"，厘清仰韶文化、龙山文化和殷商文化的年代关系。吴金鼎，学成于伦敦大学，以经典西方类型学，全面分析中国史前陶器。中国现代考古学奠基人之一夏鼐，在伦敦大学学院师从著名埃及学家 S. 格兰维尔（S. Glanville）、探方发掘法的首创者 M. 惠勒（M. Wheeler）和古埃及文字学泰斗 A. H. 伽丁内尔（A. H. Gardiner），利用当时最新的考古资料，完成博士论文《埃及古珠考》（*Ancient Egyptian Beads*），开启了之后贯通中西、气象恢宏的研究旅程。

可见，中国考古学在其早期阶段，无论是视野还是方法，都已颇具国际风范。

1949 年后，考古田野工作全面铺开，新发现目不暇接，建立考古学文化的时空框架成为最紧迫的任务。但中国考古学家们并未埋首于瓶瓶罐罐，"见物不见人"。一方面，实证中华文明起源和发展之路的初心未变。主流认识是：中国史前文化多元发展，在黄河中下游或"中原地区"文化引领下，凝聚为一体，向文明迈进。史前之中国，已初具后世"大一统"中央王朝的模样。另一方面，马克思主义经典理论主导地位确立。中华文明之演进，被放在世界范围的人类社会进化背景下，成为验证普遍进化框架的新证据。1963 年出版的《西安半坡——原始氏族公社聚落遗址》发掘报告对仰韶文化早期的半坡聚落进行了精细的描述和分析，提出："从物质文化遗存的特点来观察，半坡氏族部落是处在发达的新石器时代阶段，即恩格斯所论述的野蛮时代的中级阶段。从社会发展阶段来说，相当于母系氏族公社的繁荣时期。"1974 年出版的《大汶口：新石器时代墓葬发掘报告》则引起了关于父系社会的热议。在这样的讨论中，世界各地的民族学资料尤其受到关注，扩大了中国考古学的世界视野。

这两个研究主旋律同时奏响，各有动人之处，但似乎并未合奏出描述中华文明起源的壮丽交响乐。以历史时期的"大一统"格局解读史前文化演变、对经典理论"对号入座"式的僵化应用，反倒陷入苏秉琦所称的两个"怪圈"。

20 世纪 80 年代，中国考古学和国家同步，进入发展的黄金时代。

一系列重要的考古发现，如重重变奏，将重建中国古史的主旋律推向高潮。辽宁建平牛河梁，红山文化仪式圣地，高坛石冢，唯玉为葬。浙江余杭良渚，强大古国的都邑，琮璜璧钺，玉礼通神。距今 6000 年至 5000 年，中国史前时代灿烂的转折期，各地竞相展开构建复杂社会的开创性实践，文明火花迸发，绚丽如满天星斗。"中原"之外，"边缘"地区的发展，尤其引人注目，"中原"引领模式被严厉质疑。

1981 年，苏秉琦正式提出"区系类型"模式，将中国史前文化分为六大区系，指出：各大区系不仅各有渊源、各具特点和各有自己的发展道路，而且区系间的关系也是相互影响的。中原地区是六大区系之一，中原影响各地，各地也影响中原。这同以往在中华"大一统"观念指导下形成的黄河流域是中华民族的摇篮，中国民族文化先从这里发展起来，然后向四周扩展，其他地区的文化比较落后，只是在中原地区影响下才得以发展的观点有所不同，从而对于历史考古界根深蒂固的中原中心、汉族中心、王朝中心的传统观念提出了挑战。

1985 年，严文明也指出：一定要花大力气加强黄河流域以外广大地区的新石器时代考古研究工作，只有这样才能最后破除中原中心论或黄河流域中心论，正确阐明我国新石器时代文化发展的真实情况和各地新石器文化在孕育我国古代文明中的作用。他随后提出的"重瓣花朵"模式，虽然仍强调"最著名"的中原地区的特殊地位，但认为中原只是因其地利，易于受到周围文化的激荡和影响，能够从各方面吸收有利于本身发展的先进因素，因而有条件最早进入文明社会。

1986 年，在哈佛大学任教的张光直，为重建中国古史这样"最中国"的学术探索，引入了世界的视野。他借用美国学者葛德伟（Joseph R. Caldwell）讨论美国东部印第安人文化时使用的"相互作用圈"（Sphere of Interaction）概念，提出"中国相互作用圈"的概念，即中国各文化区通过无中心的网络式互动，形成的文化共同体，并热忱地称之为"最初的中国"。

上述精彩展示出的、中国史前社会超出预期的发展高度，也将从"世界性"人类社会普遍进化的角度认识中华文明的主旋律推向高潮，并将其研究焦点由母系或父系社会转为关于中华文明起源的热烈讨论。1991 年，中国社会科学院考古研究所组织中国文明起源研讨会，在"文明"的定义上，与会者普遍接受《家庭、私有制和国家的起源》中"国家是文明社会的概括"的说法。关于"国家"的标准，有学者坚持柴尔德提出的"世界性"标准，即城市、金属和文字"三要素"说。准此，则中国在殷墟时期才出现国家，形成文明。但更多学者在世界文明起源的视角下，指出三要素并非放之四海而皆准的文明标志，只要有足够的反映国家"实质"的考古证据，就可以认定国家的出现、文明的起源。对于中华文明而言，这些证据可以是玉器和丝绸等高级手工业品，都邑性聚落以及表现王权、军权和宗教权力形成的各类遗存。

两大主旋律终于发出共鸣，合奏起以中华文明起源为主题的交响乐章。

张光直在提出"中国相互作用圈"的同时，其实也对中国考古学的"世界性"进行了更深入的思考。1984 年 8 月，他访问北京大学考古系，连续作九次演讲。这成为推动中国考古学国际化的标志性学术活动。1986 年，演讲内容以《考古学专题六讲》之名出版。第一讲为"中国古代史在世界史上的重要性"，第二讲为"从世界古代史常用模式看中国古代文明的形成"。也是在 1986 年，他在香港《九州学刊》上发表了《连续与破裂：一个文明起源新说的草稿》。

他提出：一个着眼在世界性上的考古学者，在研探中华文明起源时，至少可以从三个不同的方面进行。第一个方面，是中国古代文明在世界历史上有多大的重要性？它是土生土长的，还是外面传入的？它吸收了外面多少影响，以及对外产生了多大的影响？第二个方面，应该是探讨世界史关于文化、社会变迁模式与中国丰富的历史材料之间的关系。换言之，就是用世界史解释重大历史变迁的模式来考察中国史前史和古代历史的变化过程。第三个方面，就是用从中国古代史和从中国古代史发展本身看到的法则，来丰富一般社会科学的理论。这方面是以往中外学术界较为忽略的，而从这方面进行研究，又是中国古代史和考古学家们的重大责任。这实在是对中国考古学应具有的"世界性"的精当阐述。

在第一个方面中，中国文明是土生土长还是西来，在中国考古学诞生之初就是焦点，第一代中国考古学家已经确立了中华文明的本土起源。马克思主义经典社会进化理论的应用，关注的正是第二个方面的问题。对于第三个方面，因国内学者普遍专注于中华文明本身的研究，确实是"较为忽略的"。

哈佛大学汇集了研究世界文明的优秀学者，自然会激发张光直的世界性思考。他的办公室对面，就是中美地区古代文明研究大家戈登·威利（Gordon Willey）的办公室，楼下的皮博迪博物馆（Peabody Museum）里面，陈列着哈佛大学自 19 世纪末开始在玛雅名城科潘遗址获得的珍贵文物，这又让他对中美地区古代文明有更深入的了解。因此，他得以对被忽略的第三个方面进行开创性探索。

通过对中国、玛雅和苏美尔文明的比较研究，他对中国古代文明的主要特征做出如下扼要阐述：经过巫术进行天地人神的沟通是中国古代文明的重要特征；沟通手段的独占是中国古代阶级社会的一个主要现象；促成阶级社会中沟通手段独占的是政治因素，即人与人关系的变化；中国古代由野蛮时代进入文明时代过程中主要的变化是人与人之间关系的变化，而人与自然的关系的变化，即技术上的变化，则是次要的；从史前到文明的过渡中，中国社会的主要成分有多方面的、重要的连续性。中美地区文明和中国文明实际上是同一祖先的后代在不同时代、不同地点的产物，走过了同样的"连续性"发展道路，其他非西方文明也大致如此。以两河流域的苏美尔文明为源头的西方文明，则主要以技术手段突破自然的束缚，开辟了"破裂性"的文明形成和发展道路。因此，中国的形态很可能是全世界向文明转进的主要形态，而西方的形态实在是个例外，因此社会科学里面自西方经验而来的一般法则不能有普遍的应用性。

这样的探索，似乎并未引起国内考古学界的热烈呼应，奏响中华文明研究的第三个主旋律。万里之外，热带丛林中的玛雅过于遥远；刷新认知的新发现，亟待认真梳理解析。与世界考古学的接触刚刚恢复，中国考古学界更加期待的，是新的理论和方法。《考古学专题六讲》中的"谈聚落形态考古"，产生了更迅速的影响。在俞伟超的激励下，当年最富激情的青年考古学家们，翻译西方考古学的经典论文，结集为《当代国外考古学理论与方法》，在 1991 年出版。其中收录的张光直的文章为《聚落》。由此引发的学术实践，也是西方理论与方法的应用。这包括一系列国际合作的聚落考古项目的开展，也包括对"酋邦"等概念的热烈讨论。

或许，要在对自己的文明发展有更透彻的领悟之后，才能激发"世界性"思考。

2000 年至今的 20 余年中，在多学科结合的重大项目推动下，重要考古新发现频出，现代科技手段与史前考古发掘和研究的结合日益紧密。中华文明探源工程深入开展，我们的文明起源和早期发展的壮阔历程逐渐清晰。

万年之前，中国即开启了南稻北粟的农作物驯化进程，距今 8500 年至 6000 年之间，随着农业经济形态的逐步确立和发展，各地普遍发生"裂变"，基于本地自然环境和文化传统完成了社会复杂化的初步发展。自距今约 6000 年开始，中国史前时代进入灿烂的转折期，各地区社会复杂化加剧，苏秉琦定义的"高于氏族部落的、稳定的、独立的政治实体"——"古国"纷纷涌现；同时，区域互动更加密切，形成"社会上层远距离交流网"，催生了"中国相互作用圈"，即"最初的中国"。从这个意义上说，中国是统一的多民族国家的根源可以追溯到距今 5000 多年的史前时代，"中华文明五千年"并非虚言。

遍布"最初的中国"的"古国"社会如"满天星斗"熠熠生辉，各类型政治构想被广泛实践，并在各地区的"撞击"中不断迸发新的火花，造就出更具雄心的领导者。距今5300 年前后，中华文明的形成进入"熔合"阶段，长江下游的良渚文化成为"熔合"式发展的第一个典型，在更宏大的政治理想的促动下，有目的地借鉴各地区"古国"的兴衰经验和"领导策略"，首次完成了构建早期国家的政治实践，成为中华文明五千年的重要标志。

距今 4300 年前后，良渚文化解体，如一石入水，激起千重波浪。山东、河南和江汉地区的龙山时期社会吸收良渚社会成败的经验教训，获得普遍发展，出现大量城址，形成与古史记载契合的"万邦林立"的政治景观。在文献中帝尧活动的核心地带晋南地区，陶寺文化采取更广泛的"熔合"策略，完成又一次早期国家的构建。距今 3800 年前后，环嵩山地区龙山社会与"最初的中国"的各地区激荡碰撞、"熔合"互鉴，形成与夏王朝对应的二里头文化，完成了具有划时代意义的、中国历史上第一个王朝的构建，在与《禹贡》中九州大体相当的地理范围内，施展政治、经济和军事手段，获取资源、推广礼仪，确立强大的核心文化地位。

我们已经明确，中华文明是在三级阶梯式的中国山川形成的摇篮中，在东亚季风的吹拂下，独立孕育出来的。我们的文明在形成过程中吸收了大量外来因素，尤其是距今 4000 年前后，小麦、羊、牛和金属冶炼技术自欧亚大陆草原地带传播而来，成为龙山时代社会发展和早期王朝建立的催化剂。但是，"最初的中国"内部各地区的创造性社会发展实践和互动发展，是中华文明形成的根本原因。我们知道，中华文明的形成，对整个东亚地区的社会发展产生了深远影响，甚至引发南岛语族人群向太平洋深处的航行。

我们已经尝试，建立自己的概念体系。用"古国"这样的概念建立史前复杂社会和三代实际基本政治组织"国"或"邦"的联系。用恰当的文明形成标准认定我们独特的文明起源和发展历程。

我们已经认识到，两河流域、古埃及、印度河流域和中美地区等世界其他地方的原生文明的形成空间均不过数十万平方千米，唯有中华文明的形成如此气势恢宏，在覆盖长江、黄河及辽河流域的面积近 300 万平方千米的"最初的中国"的范围内，以"多元一体"的形式展开。正是因为在如此广大的空间中经历了各地区文化的"裂变""撞击"和"熔合"，中华文明才孕育出"协和万邦"的文明基因，产生了完成各地区一体化的宏大政治构想，周人才能在距今 3000 多年前就以分封制完成了"普天之下莫非王土"的政治抱负，将"理想的中国"落实为"现实的中国"，创建了人类文明史上第一个多民族统一的政体，此后不断发展壮大，绵延至今。放眼世界，在疆域和理念上略可与之匹敌的古波斯帝国的形成是 600 年以后的事了，而且转瞬即逝。

重建中国古史初见成果。人类社会普遍进化视角下的中华文明起源历程研究，也初步建立了自己的话语体系。张光直提出的中国考古学"世界性"的三个方面中，前两个方面涉及的问题已经有了基本答案。我们终于可以开始认真思考，如何用从中国古代史和从中国古代史发展本身看到的法则，来丰富一般社会科学的理论，而且强烈感受到：要推进这第三方面的研究、深化前两个方面的认识，一定要走出"赤县神州"，不仅要"把中国人的脑袋量清楚"，更要把"上穷碧落下黄泉，动手动脚找东西"的范围扩展到大九州，去其他文明的核心地区，从最基础的考古发掘开始，把其他文明的发展脉络看清楚。

正是在此背景下，中国考古学家对世界古代文明的考古发掘和研究正在蓬勃展开，他们的身影出现在古埃及的卡尔纳克神庙、玛雅名城科潘、印度河上游和伊朗腹地，也出现在"中国文化西来说"中彩陶文化的发源地、黑海西岸的特里波利－库库泰尼文化区。

我有幸主持的科潘城邦贵族居址发掘项目自 2015 年开展以来，获得大量珍贵文物，且第一次从贵族家庭演变的角度，验证了从王宫区考古资料获得的、关于科潘王国兴衰的认识。我也在对中美地区古代文明的研习中，收获良多。中美地区的图像学研究，启发了我对中国史前图像的探索性解读；中美地区早期城市神圣空间构建对理解中国史前都邑极具参考价值。

在科潘项目进行的过程中，我们与浙江省文物考古研究所开展了深度合作。我佩服的资深学者、朝气蓬勃的青年后起之秀，不断来科潘参加发掘、开展研讨。他们以开拓性的田野发掘和研究，不断刷新我们对中国史前文化发展和中华文明起源的认知。2019 年，良渚古城遗址被列入世界文化遗产名录，成为得到世界认可的中华文明五千年的实证。这是可以凿破"大一统"式古史记载的鸿蒙混沌的有力一击，让我们初窥自己文明创生之初，各地区竞相发展、碰撞"熔合"之壮丽景象。对中华文明起源的"大一统"认知根深蒂固，"中原模式"引领的呼声仍高，第一个"怪圈"的破除还需时日。但浙江的考古学家，已经放眼世界。在科潘王宫区的仪式大广场上，面对科潘第 13 王瓦沙克·吐恩·乌巴·卡威尔一尊尊渲染自己在萨满状态下通神入幻的石雕像，遥望远处记录科潘光荣历史的象形文字台阶金字塔，我们共同被玛雅与良渚的相似性震撼，体味张光直提出的"玛雅－中国连续体"和中华文明早期的萨满式思维。我们也共同深思，两大文明，何以有相似的开始，却有不同的发展道路和结局。

　　大家的另一个共识是，比起 19 世纪已经开始在中美地区热带丛林中探索的西方学者，我们对玛雅文明的研究才刚刚起步。其实，在对世界各地区古代文明的考古发掘和研究中，我们都是后来者。学习和借鉴，自然是初学者必不可少的功课，而翻译经典著作，是最有效的学习方式之一。幸运的是，考古学家的心愿与浙江省文物主管部门具有远见的规划不谋而合。浙江省文物考古研究所很快就开始了"世界古文明译丛"的翻译计划。与其他主题类似的译丛不同的是，这个译丛的书目由考古学家选定，更能突出考古学特有的、以物质遗存对文明内涵的展现，以及对超长时段文明兴衰历程的描述。

　　尤为可喜的是，译者多是年轻学者。他们中不少人参加过科潘的工作，是同龄人中的佼佼者，是浙江省文物考古研究所的骄傲。张光直在《要是有个青年考古工作者来问道》中，饱含深情地说："有大才、有大志的年轻人，很少有学考古学的。我有时白日做梦，梦见天资好，人又天真又用功的中国青年，志愿以考古为终生事业，来问我这个老年考古学家对他（她）有何指示，这虽然只是梦境，我还是将答案准备好，以防万一。"张先生的答案有四条，其中最后一条是"今天念中国的考古不是念念中国的材料便行了。每个考古学者都至少要对世界史前史和上古史有基本的了解，而且对中国以外至少某一个地区有真正深入的了解。比较的知识，不但是获取和掌握世界史一般原则所必须有的，而且是要真正了解中国自己所必须有的"。

　　看到他们信达的译文，我想，张先生若是有知，应该可以感到欣慰。他们和我一样，未必有大才，未必天资好，但愿意尽力，心怀大志，放眼大九州，也愿意保持无邪的学术之心，一起用功，以世界文明的视角，认知中华文明的特质和地位，以中华文明的视角，观察世界文明之发展，丰富一般社会科学的理论。

中国社会科学院考古研究所　李新伟

前　言

对于古代玛雅文明的学术理解正在快速增长。对这一引人入胜的文明经常出现关于其发展历程的新见解和新的研究成果，且并没有减少的趋势。单就最近的 20 年看，有关中美洲南部低地玛雅文化发展问题的传统观点经过了重大修订，时下的观点通常与此前的观点只有极少的相似性。在所有关于玛雅的令人智识上兴奋和备受启发的成果中，也存在一些阻碍玛雅研究进程的若隐若现的"乌云"。其中最为不利的"乌云"之一就是关注古代玛雅贵族阶层和关注非贵族的农民、商人与手工业者的学者之间的持续分化。前一类学者受到近来玛雅象形文字释读工作大踏步迈进的激励，已经在阐释玛雅，特别是古典期（公元 250—900 年）玛雅的政治模式上取得了重大进展。后一类学者，受到对低地区域内古代玛雅聚落模式研究视野和复杂程度扩展的鼓舞，也已经获得关于众多玛雅城邦的功能和农业系统何以支撑它们的重要认识。这两类极为宽泛的研究理应相互补充，可实际上它们经常因为学者在学术兴趣上的分歧而被割裂。

幸运的是，对中美洲洪都拉斯伟大的玛雅城邦科潘（Copán）的持续研究正连接起贵族阶层和非贵族阶层研究之间的鸿沟。这处以其引人瞩目的雕塑和建筑而闻名的美丽遗址，数十年来都是学界关注的焦点，而且在这处遗址所做的田野考古工作历程，折射出刚刚过去的 20 世纪里玛雅研究经历的一般变化。科潘最初进入公众视野是由于 150 年前约翰·劳埃德·斯蒂芬斯（John Lloyd Stephens）和弗雷德里克·凯瑟伍德（Frederick Catherwood）的传记和插图，而后是 19 世纪阿尔弗雷德·莫斯莱（Alfred Maudslay）的介绍。在玛雅低地进行的第一次科学发掘工作是由哈佛大学皮博迪博物馆 100 年前在科潘发起的。随后华盛顿卡耐基研究所对遗址进行了实地研究和修复，其中就包括西尔韦纳斯·莫利（Sylvanus Morley）对象形文书开创性的研究。

直到最近，在科潘城内和河谷周边乡村的田野工作由一些知名学者主持，大体上沿着戈登·威利（Gordon Willey）、克劳德·鲍德兹（Claude Baudez）和威廉姆·桑德斯（William Sanders）的研究方向，而最近的工作则是由本书的作者威廉·L.费什（William L. Fash）所主导。这项新的研究，从费什及其同事正在工作的科潘仪式核心区扩展到城市数千米外的农人居住区，有助于细化当下对于玛雅古典期文化的整体认识，不仅涵盖了科潘的统治阶层，也包括受其劳役的农民。

在这本阐述清晰的书中，费什教授将综述最近在科潘的研究，特别是他指导的"科潘马赛克计划"的成果。他将非常卓识地展示科潘象形文字释读上实现的新突破、科潘建筑的新研究，以及基于对科潘河谷整体环境和聚落模式新的理解的对贵族阶层建筑的发掘工作，由此展现迄今为止所能获得的关于科潘城市发展和最终消亡的更为丰富和全面的图景。在接下来的内容中，读者们可以对科潘的新视角以及由此扩展的对古典期玛雅世界的新理解一探究竟。

杰里米·A.萨布罗夫（Jeremy A. Sabloff）

科林·伦福儒（Colin Renfrew）

作者的说明

对科潘的研究持续向前迈进，自从本书的精装版发行以来已经有好几项新的发现，包括对该遗址已知最早的一处雕刻有象形文字的纪念碑——圆形石牌的揭露。这是由理查德·威廉姆森（Richard Williamson）和芭芭拉·费什（Barbara Fash）发现的，它直接被嵌入一个建筑的地面内，这一建筑被叠压在著名的帕帕加约神庙之下。这块石牌上有奠基统治者雅什·库克·莫（Yax K'uk Mo'）的名字和肖像，也可能有第 3 王麦特·海德（Mat Head）的名字和肖像。然而，最引人入胜的发现是由诺阿·德拉克斯勒和罗伯特·谢尔发掘的可能是第 7 王水莲花美洲豹（Waterlily Jaguar）的石室墓。这座墓埋葬在更早一期的美洲豹台阶建筑之下，随葬了数量丰富的海菊蛤贝壳、一串有骨雕并由贝壳串成的项链、翡翠耳饰，以及 28 个古典期中期的精美陶器（其中 7 个带有盖子）。有 8 个陶器十分精美，几乎一体成型，并装饰有鲜艳的烧后彩的石灰底座。尽管其中 2 个陶器有彩绘的象形文字，但都不包含王的名字。

稳步增加的新证据带来对当前认识的持续挑战，有时我们也需要修正已有的解释。例如，最近在东院落和 10L–16 号建筑下隧道的发掘就发现了台阶上的象形文字铭文中引用月亮神美洲豹作为主持罗萨丽娜神庙献祭活动的统治者，而不是之前认为的布兹·产（Butz'Chan）。

1

目 录 CONTENTS

第1章　科潘和古典期玛雅文明

　　建筑、雕像和彩绘，所有装饰生命的艺术形式在这片郁郁葱葱的森林里蓬勃发展；演说家、武士和政治家，美丽、抱负和荣耀都曾经于此鲜活而后消失，没人知晓凡此种种就是它们过去的实证或者能述说它们的往昔……它呈现在我们眼前，就像漂浮在大海中破碎的船板，桅杆不见了，船名已隐没，船员也都消失了，没人知道它从何处来，属于谁，航行了多久，或者是什么导致了它的毁灭……所有一切都是未知，带着幽深、不可捉摸的神秘。

玛雅的神秘

　　美国探险家和外交家约翰·劳埃德·斯蒂芬斯根据他于 1839 年在科潘玛雅废墟的旅行经历写下了游记。而在西班牙人殖民时期，西班牙人也只是收录了关于玛雅文明古典期（公元 250—900 年）的科潘和其他壮观纪念碑的零星档案。尽管如此，直到斯蒂芬斯的《中美洲行记》（*Incidents of Travel in Central America*）和书中那些由英国艺术家弗雷德里克·凯瑟伍德绘制的精美插图于 1841 年出版，世人才有机会去思索这群富有创意和活力的人取得的成就，并去猜想是何原因导致了科潘——这处曾经的艺术中心的消亡。隐藏在丛林中，被数百年来建造的道路和这个地区大部分原住民的迁徙往来所隐没的古典期玛雅的废墟，造就了令人惊艳的神秘。

1

除了是什么导致了古典期玛雅城邦的崩溃这种显而易见的问题之外，一系列其他问题都摆在肩负起重建这一文明的历史的西方学者面前。科潘形成于哪里？它繁荣了多久？这个创造了令人叹为观止的艺术和建筑上的纪念碑的社会本质如何？古代的文书记录了什么？是什么内在的特质影响了它的国家和宗教？

上面提到的最后一个问题最能激发 19 世纪学者们的想象力，他们曾致力于释读玛雅的象形文字记录。法国布尔堡教堂出版了当时著名的三本玛雅树皮书（德累斯顿手抄本、马德里手抄本、巴黎手抄本），以及阿尔弗雷德·莫斯莱为编辑《中美洲生物》（Biologia Centrali-Americana）（1889—1902）而释读了玛雅石碑的大量提纲，让学者们的工作变得容易。莫斯莱的工作激起了哈佛大学皮博迪博物馆在玛雅地区开始勘探工作的兴趣，它从 19 世纪 90 年代开始出版一系列专门的大事记。这些书使学者们更一致地专注于玛雅文字的研究，同时也激励其他考古学家开始不同类型的调查工作。长此以往的结果就是古代玛雅已成为新大陆土著文化中得到最详尽解释的文化，它是众多发掘项目的对象，学者们对它进行过数百处遗址的调查，有数不尽的探究殖民时期的手稿和一本又一本的专著。

具有讽刺意味的是，今天的学者们才意识到斯蒂芬斯的原始记录中蕴含着许多智慧之处。斯蒂芬斯正确地假定科潘和其他玛雅废墟都是新大陆本土人群的遗存，而纪念碑上的人像代表了"供奉的神灵和英雄"。他同样正确地猜测到书写系统记录了国王和他们的城邦的历史。然而，和斯蒂芬斯同时代的人和他的后继者们，恰好处于一个浪漫主义的时代，他们提出的假设只有很少的合理的建设性。古典期玛雅的废墟被追溯为以色列人、埃及人、腓尼基人、爪哇人或中国人的"十个消失的部落"留下的遗迹。而且，早期对留存下来的玛雅象形文字关于历法和天文部分的解读导致研究者认为这些书写记录主要是关于时间规律和天体运动的。

随着 20 世纪研究的推进，关于古典期玛雅文字的主要功能是提供天文历法计算方法和标记时间的变化规律的观点变得广泛流行。从另一个角度，玛雅文字被理解成祭司们将天文观象和神的影响相关联的证据，这些神主宰天体、日、月，甚至是数字。而进一步扩展，雕刻在石碑上的人像也一定是神本身，或者是掌管天文历法的祭司，

弗雷德里克·凯瑟伍德绘制的摇摇欲坠的 C 号石碑

弗雷德里克·凯瑟伍德绘制的 N 号石碑，
描绘了一位科潘城邦的神圣的国王和英雄

1885 年坐在 A 号石碑底座上的阿尔弗雷德·莫斯莱

他们记录时间变化和基于多种主宰岁时的超自然力量占卜预知未来。根据传统学者的观点，古典期玛雅是一个神权政体的社会，它由心慈仁善的祭司引导散居在乡村的淳朴温和的农人在他们"空的仪式圣地"上修建更多神庙以纪念至高无上的神灵。

数十年来谜团不断叠加，直到最近 30 年，学者们才认识到斯蒂芬斯的论断是正确的，并重新评估了那些关于古典期玛雅社会的浪漫主义和乌托邦式的观点。得益于 20 世纪 50 年代以来并持续至今的那些杰出的玛雅象形文字释读成果，以及一种更全面、科学、有成熟理论指导的玛雅废墟调查，玛雅终于从 19 世纪和 20 世纪早期西方学者强加给它的生涩的和理想化的视角中挣脱出来。如今古典期玛雅文明也和其他前工业时代的文明一样面临许多相同的问题：社会分化导致的对较低等级社会群体的剥削；人口聚集在中心地（旧的模式中所指的仪式圣地）的趋势所导致的拥挤和不洁的居住条件以及传染性疾病的滋生；在公共建筑里的统治精英阶层的扩大和"官方"历史的书写；包括战争在内，处于对立面的国王之间的竞争被强化，甚至是高等级的世系和他们集团内部之间的竞争也很激烈。事实上，人文主义视角下的古典期玛雅文化使学者们能更容易和更有成效地将其与世界上具有相似科技和政治发展水平的社会进行比较。

中美洲和玛雅

古代玛雅是中美洲众多复杂文化和兴盛文明中的一个。人类学家保罗·基切夫（Paul Kirchoff）定义了这个文化区。他观察了西班牙人殖民时期居住在墨西哥中部和南部、危地马拉、伯利兹、萨尔瓦多和洪都拉斯西半部、尼加拉瓜南部边缘和哥斯达黎加的尼科亚半岛的人群，发现他们在文化上共享了一些显著的适应性。这些适应性包括在金字塔式平台上修建起来的石雕建筑，在一个特意建造的球场里打橡皮球比赛，同时使用有 365 天的太阳历法和有 260 天的礼仪历法，用树皮纸做成的书记录本土历史和宗教内容，一个供奉诸神的神庙（有不同的地域风格），基于对农业系统的依赖而都围绕在玉米、大豆和南瓜驯化的中心地，以及多种其他特征。

在古代中美洲的人群中，玛雅人因为文化上的一系列适应性吸引了曾研究地中海世界古典文明的西方学者的关注。大量的象形文字雕刻在被称作"石碑"的站立石像上，和它们相伴的祭坛也包含了不同的历法中对时间的记录方式。这些历法包括260天和819天的礼仪历法，365天的太阳历法，一系列记录阴历月、阴历日和阴历月时长的月历，预测晨星和昏星出现和消失的金星历，以及一套以360天为循环周期的连续的时间计算系统（即著名的玛雅长历法）。它们的象形文书也在令人瞩目的石雕建筑的不同部位上被发现。通常在石灰层和石头上以及许多建筑内部的顶梁或"假的"门楣上装饰精美图像艺术。古典期玛雅艺术集中于描绘精致优雅的、被奇异的宗教象征物围绕的人像。

玛雅艺术的例证已在众多的媒介形式中得以展示，包括石雕立像和建筑纪念碑，涂有精美彩绘或模制的和有刻画纹的陶器，以及木器、骨雕、打制石器和其他材质的物品。由于玛雅在艺术和科学领域的先进性，一种认为其在某种程度上比新大陆其余那些土著文化更"特殊"或者文明化程度更高的观点出现了。因此有一种说法，玛雅人就像古希腊人，而阿兹特克人就像是古罗马人。所以，在斯蒂芬斯和凯瑟伍德"重新发现"之后，古代玛雅成为西方学者大量研究中的焦点。

在16世纪初西班牙人殖民时期，说玛雅语的人的分布范围占中美洲面积的三分之一，由西从特万特佩克地峡（the Isthmus of Tehuantepec）向东延伸到洪都拉斯西部地区和萨尔瓦多。这个广大的地域范围内，兼具地理和文化上的多样性。从地理上看，古代玛雅高地范围从南边潮湿的热带红树林到植被葱郁而干凉的山麓地带，再到恰帕斯（Chiapas）高地的陡坡地带、危地马拉和萨尔瓦多西部地区。在北端，高地变成了集中的、广阔的被称为玛雅低地的平原地区，也是玛雅古典期文化最为繁盛的核心地区。古代玛雅低地范围又可以分为南部低地（危地马拉北部、伯利兹和相邻的墨西哥恰帕斯州——以枝繁叶茂的热带雨林和年均降水量2000～3000毫米为特征）和北部低地[由墨西哥的坎佩切（Campeche）州、尤卡坦（Yucatán）州和金塔纳罗奥（Quintana Roo）州组成——以灌木丛植被、贫瘠的土壤、稀少的地表径流和年均降水量少于2000毫米为特征]。

中美洲地图和它包含的范围，图中展示了包括文中所提到的那些重要遗址点

　　在语言上，西班牙人殖民时期记录有 31 种玛雅语言，其中 2 种今天已经消失。说其他语言的人仍分布在玛雅文化的不同地区。记录在古典期象形文字书上的语言包括乔尔语（Chol）（南部低地）和尤卡特语（Yucatec）（北部低地），至今说这 2 种语言的人在数量上也远多于说其他玛雅语的人。在文化上，考古遗存也可以证实前哥伦布时期可观的多样性。如今，毫无疑问，在玛雅语地区还保存有大量共享的信仰和习俗。其中我们所见到的体貌上的不同应该最有可能是同一种文化传统的人群在不同区域的表现。

考古分期

　　考古学家研究物质遗存，就像他们从事自然科学研究的同事一样，运用不同的方法对搜集到的证据进行分类。诚如玛雅分布范围可分为几处差不多能准确界定的文化区，玛雅文化也可以分为三大主要文化时期，其中又可细分出从属的子文化时期，进而细化到每一处遗址的多个陶器阶段。各个陶器阶段再往下则是遗迹单元、组群、器物、类型、亚型和更细的划分。就现有的研究目的，最好能划分出不同的文化区，并理清每一个文化区的年代序列。

纪年	分期	科潘	查尔丘阿帕	洛斯纳兰诺斯	蒂卡尔	卡米纳胡尤
1200	后古典期	埃贾期	马特金期	里奥布兰科期		阿亚姆普克期
1000						
	古典期晚期	科纳期	帕约期	约加期	埃兹纳比期	帕姆普洛纳期
800					依非克期	
					依克期	阿玛特勒二期
600	古典期中期	阿克比期	秀科期			阿玛特勒一期 / 埃斯泊安扎期
400					曼尼克期	阿乌洛拉期
	古典期早期	比加克期	威克期	埃登二期		
	原始古典期				思米期	
200			卡纳克晚期		卡乌克期	阿尔埃纳尔期
AD / BC	前古典期晚期	查比期	卡纳克早期		楚思期	沃班纳期
200			楚尔期	埃登一期		
					契克期	普罗威登西亚期
400	前古典中期	乌尔期	卡尔期	贾拉尔期	埃比期	
600						
		戈登期	科洛斯期			
800						
1000	前古典期早期	拉约期	托克期			
1200						

玛雅历史的主要年代分期，整合了对 5 个主要遗址的阶段划分：科潘、查尔丘阿帕（Chalchuapa）、洛斯纳兰诺斯（Los Naranjos）、蒂卡尔（Tikal）和卡米纳胡尤（Kaminaljuyu）

前古典期通常被认定为公元前 2000—250 年，可进一步分成早期（公元前 2000—前 1000 年）、中期（公元前 1000—前 300 年）、晚期（公元前 300—250 年，包含一个公元 100—250 年的原始古典期）。

古典期是指玛雅低地刻在石碑上的象形文字是使用著名的玛雅长历法连续记录时间的阶段。传统观点认为，古典期只分为早期（公元 250—600 年）和晚期（公元 600—900 年）。最近，有些学者认识到在公元 400—700 年这段时间，几处主要的遗址与伟大的墨西哥中部卫城特奥蒂瓦坎（Teotihuacan）存在显著交流或受其影响。为了评估玛雅地区在这一阶段的诸多发展，"古典期中期"这一概念开始被使用。在科潘，古典期中期的概念有助于研究者讨论陶器关系和测年数据。

后古典期是指从公元 900 年（南部低地古典期城市中心的"崩溃"）到 1519 年西班牙入侵者的到来。这一时期也可分为早期（公元 900—1200 年）和晚期（公元 1200—1519 年）。

科潘：一处古典期玛雅文明的中心

西尔韦纳斯·莫利是一位考古学家、铭文学家，同时也是玛雅考古成果最丰硕时期之一的主要负责人，他表达了对科潘的一些盛赞。按他的话说，"科潘可能就好比'新大陆的雅典'，这个赞誉是作者引用了旧大陆的古代城市而比附于科潘的；……这或许可以让我们肯定地说，美洲大陆中没有任何一个城市达到如此高的文化成就水平"。

（P9）从空中俯瞰科潘卫城，可以看到河岸两边绿树成荫，现如今肥沃的滩涂和大部分山麓地带又一次被农业活动所利用

　　科潘是莫斯莱发掘的第一个遗址，也是斯蒂芬斯和凯瑟伍德最早探访的以及 1834 年胡安·加林多（Juan Galindo）最初发掘和报道的遗址，因此在古典期玛雅的城邦中，哈佛大学皮博迪博物馆也最先选择了科潘进行集中发掘并记录了石雕内容。它同样也是莫利在玛雅文化领域做过详尽研究的第一个遗址。他不仅记录和分析了科潘的象形文字，而且还研究了科潘河谷内其他考古遗存的重要性。大家对科潘如此感兴趣的原因非常简单：它比其他玛雅遗址或者新大陆任何其他遗址拥有更多的象形文字书和其他雕刻类的石碑。

　　翻阅凯瑟伍德的插画，人们能获得对科潘的印象，还有对其雕塑的精美和复杂程度的欣赏。事实上，科潘的雕刻者成功了，而同时代的其他人失败了，他们创作了如此技艺高超的浮雕，在许多作品中人像几乎都是浑然一体的。这是一种西方美学欣赏的艺术风格，特别是对其自然主义和动态感的欣赏。假设在科潘发现了史料性充分的文书，可判断具有明确世系和年代特征的浮雕样式也足够多，还有数量丰富的雕塑——包括成千上万组最初装饰在卫城神庙和其他重要建筑物的外立面的雕塑碎块——人们就不会对科潘的声望和重要性随着时间推移而日渐提升感到奇怪了。

　　当今学术上的术语"王宫区"（Principal Group）遗存或"遗址核心区"，包括一系列由开放庭院（广场）所围绕的大型建筑，它们通常还包含石碑和祭坛。王宫区占地面积 12 公顷（1 公顷等于 10000 平方米），由两个基本部分组成：北边是开阔平坦的低地广场；南边是封闭的和抬升起来的庭院与附属建筑，它们建造在如今称之为"卫城"（Acropolis）的台体之上（"卫城"其实是一个不恰当的名称，因为其最后一个阶段呈现的建筑主体所依托的不是一座山，而是数个世纪以来持续建造的结果——事实上每一个国王的建筑都是在其前任的基础上加以扩建的）。

　　这两个基本部分有着内部分区。在北边的下沉地带有大广场（Great Plaza）和雄伟的石碑，人们沿着从东至西的铺装道路可进入王宫区的中部广场，中部广场南侧还有象形文字台阶金字塔广场，可供访客们观看在 A 号球场、象形文字台阶金字塔（26

（P10）如果俯瞰整个球场，可以在图片的右侧位置看到象形文字台阶金字塔

塔季扬娜·普罗斯科里亚科夫（Tatiana Proskouriakoff）在 20 世纪 30 年代所想象的从 A 号球场第三期建筑（Ballcourt A-Ⅲ）北边看到的景观。大广场在其背景中清晰可见

号金字塔，即 10L-26 号建筑）和规模巨大的铭文神庙（11 号金字塔）前进行的活动。卫城代表了科潘 400 多年历史中层层垒筑的建筑和集体劳动的工程。在其最后阶段，我们现在仍能看到的建筑围绕在两个大的庭院周围，即东庭院和西庭院。从这些地方再往南，有一些贵族精英居住的场所，它们被现代的科潘村民误称为"墓地"，在该区域，卡耐基研究所曾调查发现过数量众多的生活在此处的居民的墓葬。

大广场是一个很大的开放空间，其北、东、西三面有台阶将其围住，一处四面都有大型台阶的建筑——4 号金字塔在它的南面。在这个闭合的空间内，分布有一些新大陆保存最好的石雕。这些台阶不仅可以通向大广场上更高的建筑区，而且还标记了北、东、西三面的边界，同时也是座位的区域——当时的观众们参与重要公共活动的露天看台。

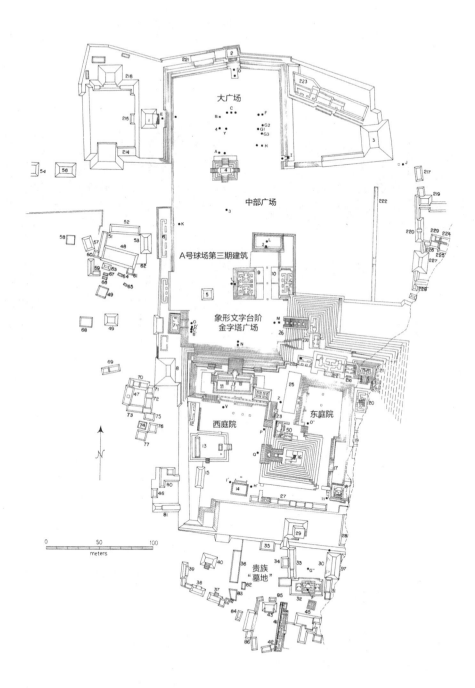

大广场

中部广场

A号球场第三期建筑

象形文字台阶
金字塔广场

西庭院

东庭院

贵族
"墓地"

N

0　　　　50　　　　100
meters

文中提到的王宫区遗存

13

从南或东南方望向大广场，可以看到 A 号球场第三期建筑和象形文字台阶金字塔。拥有四面台阶的 4 号金字塔界定了大广场的南部边界，四面台阶与祭"四方"的仪式内涵一致

　　大广场内的石碑是玛雅古典期那些最精美的高浮雕国王人像石雕的代表。尽管有纪念第 13 王祖先的 2 座石碑在东面和西面的台阶边上，但这些石碑和相伴的祭坛全都是科潘最伟大和很长寿的第 13 王统治期间雕刻的——他的象形文字名字是 18 兔子（18 Rabbit）。接下来，他的继任者原封不动地将第 13 王的纪念碑保存在大广场上，仅仅在原来的 2 座石碑之间东边的大面积空间内增加了 3 座相关性并不明显的祭坛（编号 G1、G2 和 G3）。

　　中部广场包含一个广阔的开放空间，其东端和西端连接起玛雅古典期两条通向王宫区的主要道路。事实上，现代游客沿着西端的道路行走，就像古代工匠、僧侣和朝圣者一样。中部广场仅有一座石立像，一座风化严重的、雕刻有两面人像的宏伟石碑，这座石碑雕刻于最长寿也可能是最有才华的科潘国王——著名的第 12 王烟雾·依米克·K 神 ["Somke Imix God K'", 或叫烟雾美洲豹 (Smoke Jaguar)] 统治期间最重要的一天。在中部广场的北端有通向大广场的道路, 也有经过象形文字台阶金字塔前的广场继续向南到达卫城的入口。

象形文字台阶金字塔广场是位于北部的 3 处广场中最小的一处, 但在很多方面它都是最吸引人的, 因为有壮观的建筑纪念碑界定了它的边界。在它的北端是科潘最重要的球场最晚阶段的建筑 (A 号球场第三期建筑), 也是南部低地同类球场中最大的和中美洲其他地区中装饰最精美的球场之一。该球场由两列平行的看台和中间的比赛通道构成, 在这里, 进行过在古代科潘很重要的面向公众的且充满风险的橡皮球比赛。

在象形文字台阶金字塔广场的东边 (古代玛雅宇宙观中最神圣的方向) 是象形文字台阶金字塔和 10L-26 号建筑的神庙, 里面供奉了第 15 王烟雾贝壳 (Smoke Shell) 祭拜的科潘国王的肖像并记录了官方的王朝历史, 他自己的肖像则雕刻在放置于台阶底部的 M 号石碑的表面。

在它的南边是规模巨大的 11 号金字塔 (10L-11 号建筑), 其最后一期是一座位于建筑顶部巨大的二层神庙, 该神庙拥有科潘数量最多的雕塑立面和刻有象形文字的石板面 (总共 8 块), 因此它被命名为"铭文神庙"。它是由科潘第 16 王 [雅什·帕克 (Yax Pac), 意为"初晓"] 建造的, 11 号金字塔上的神庙是已知的最大的体现玛雅宇宙观的单体建筑, 从该神庙的北面可以俯瞰之前提到的 3 处广场。对于从乡村走进王宫区的人们来说, 这座建筑在视觉上的冲击力一定是无法抵挡的。

顺着 11 号金字塔和 26 号金字塔的台阶往上走, 可以到达王宫区的抬升部分, 也就是从 19 世纪和 20 世纪之交以来被当作卫城看的那部分。卫城的西庭院以北是 11 号金字塔, 实际上连接着位置有所降低的"集会者之屋" (Reviewing Stand), 在这里发现了属于雅什·帕克统治时期的又一处铭文。西庭院的东边是著名的宏大的金字塔神庙 (10L-16 号建筑, 即 16 号金字塔), 其门道和前面的台阶都对着西院落。在 16 号金字塔台阶前放着著名的 Q 号祭坛。Q 号祭坛最初被认为是表示一场天文学家

的集会，而现在被认为是一份统治科潘王朝的国王名单，由第16王表达纪念，祭坛的侧面雕刻了科潘王朝包括最早可追溯到公元5世纪初的第1王[齐尼奇·雅什·库客·莫（K'inich Yax K'uk Mo'），意为"最初的蓝绿色的绿咬鹃"，即雅什·库克·莫（Yax K'uk Mo'）]在内的所有国王的肖像和名字。

就像大广场一样，卫城的东庭院也有像看台一样的多排台阶界定它的北边和东边，但和前者不同的是，东庭院也有一个像11号金字塔顶上装饰有石雕的"集会者之屋"的建筑。它在庭院的西边，并且装饰有愤怒咆哮的美洲豹和冥界的美洲豹太阳神。北边和东边的台阶被当成座位区和通向10L-17号、10L-18号、10L-19号、10L-20号、10L-21号、10L-21A号、10L-22号和10L-22A号建筑的道路。这些建筑上精致而独特的雕塑装饰暗示它们在古代有着独立的含义和可能不同的用途。其中保存最好和经常拿来讨论的是10L-22号建筑（或22号神庙），包括在它的内室发现的最为精美的玛雅高浮雕雕塑。这个雕塑和大广场上的石碑一样，也是第13王在位时期雕刻的。

（P16）卡耐基研究所修复的10L-26号建筑，即象形文字台阶金字塔。在这张1987年的照片中，可以看到芭芭拉·费什（Barbara Fash）正在台阶的三分之二处聚精会神地绘制铭文。在台阶的底部，矗立着M号石碑，石碑上面有阶梯的守护神，即第15王烟雾贝壳

Q号祭坛西侧面。图像的左二为科潘王朝的创始人雅什·库克·莫，他将权杖递给右二的雅什·帕克，即王朝的第16位（也是最后一位）国王。雅什·库克·莫的名字雕刻在他的头饰之上，其他人物都是由他们所坐着的象形文字来识别的（雅什·库克·莫坐在"领主"的字符上），在两个人物的中间显示了雅什·帕克的统治时间[6卡波安（Caban）10摩尔（Mol）或者763年7月2日]。最左边的是第2位国王；最右边的是第15位国王烟雾贝壳

Q号祭坛东侧面，从左至右依次为第10位国王月亮美洲豹（Moon Jaguar）、第9位国王、第8位国王、第7位国王水莲花美洲豹（Waterlily Jaguar）。第8位和第9位国王共统治了9年，而月亮美洲豹和水莲花美洲豹在位时间则很长

Q 号祭坛南侧面。这些人物是按照其统治时间排序的，从左到右分别是第 14 位国王烟雾猴子（Smoke Monkey）、第 13 位国王 18 兔子、第 12 位国王（烟雾·依米克·K 神，图示他坐在 5 坎盾（Katun）字符上，表示他活到了 80 岁）以及第 11 位国王布兹·产（Butz' Chan）

Q 号祭坛北侧面，从左至右依次为第 6 位国王、第 5 位国王、第 4 位国王翠·依赫（Cu Lx）、第 3 位国王麦特·海德（Mat Head）。第 3 位和第 4 位国王在基里瓜（Quiriguá）以及科潘的铭文中被屡屡提及；第 5 位和第 6 位国王则鲜有人知

科潘河谷

　　西尔韦纳斯·莫利是从更广的视野研究科潘的第一人，他指出了科潘河谷其他考古遗存的重要性。他提出王宫区还在河谷中心，它并不是孤立存在的。河谷内还有数千处遗址点分布在 13 千米长的地带。他还指出在几处别的遗址还发现了重要的神庙，其中有一些还装饰有精美雕塑图案。莫利更具前瞻性地预测到未来的研究将证实几乎整个河谷都是"一个连续性的聚落和一整个城市"。

　　现如今，研究玛雅很大程度上得益于哈佛大学戈登·威利的范例，考古学家们将目光转向支撑统治者及其王朝的人口的研究，以及环境背景如何保证人口增长的问题。威利是考古学上研究人类聚落模式的先锋。通过研究一个人群在空间上的分布和资源域的情况，我们可以知道它的规模、组织水平、经济利益、对邻敌的防御措施，以及其他如社会、经济、政治上的资料。考古学家们现在不仅仅考虑古典期玛雅各聚落中心的金字塔、神庙和宫殿，也试图标注出并尽可能地发掘更多地位较低人群的遗存。

　　1974 年，威利受到洪都拉斯政府的邀请，主导了一项科潘及其周边区域的深入研究项目。他最初的目标是制作一份准确而详细的聚落分布、农业资源（梯田、水坝等）和其他人类利用土地资源方式的地图。威利主导的项目和最近由科潘考古保护研究所（Proyecto Arqueologico Copán，PAC）的学者进行的更多的在遗址核心及外围地区调查的成果，使得科潘成为所有古典期玛雅遗址中调查得最为详尽的遗址。现代考古学强调紧密关注研究的问题，这个目标可以在一个被不同领域的杰出专家调查过的遗址中顺利实现，这些领域可以是象形文字释读、艺术、建筑、陶器、石器工具、环境研究、聚落和土地利用方式，以及人口的历史、人口统计和病理学（由人骨遗存解读出来）。每一年提出的新问题都非常复杂，以至于很少有人可以对 10 年内的研究进行预测。

科潘河谷具有非常多样且明显不同的环境地带，从海拔 800 米的陡直山区，过渡到平缓起伏的丘陵和较高地势的河流阶地，再到海拔 600 米地势较低的肥沃的河流阶地和冲积平原。河谷地带非常清晰地显示出在群山环抱中的最大优势，没人会忽略而不去强调它完全自然的美丽。群山塑造了一处绝佳的环境，事实上，生活于此的古代居民一定心存感念。这将近 24 平方千米的土地内孕育了科潘城邦。

对于玛雅，山群极具重要性的原因在于其中隐藏了数量众多的山洞。自从远古时代以来，洞穴在中美洲所有人群的眼里都是通向地下世界的通道，祖先精神的主宰和超自然力量都决定了现实世界事情的发生和走向。

也许正因为如此，命名古代科潘王国的象形文字最主要的元素是长有尖鼻的蝙蝠，它居住在恐怖洞穴中，也是地下世界的使者。今天的科潘河谷有一种田园牧歌的特质，但我们必须记住河谷低洼地以前是苍翠的热带雨林，而且因为那些丰富多样的环境特征，这里充满了各种各样的危险。然而对于现代游客，残存的森林、洞穴和蝙蝠都只是迷人和别致的风景的一个方面。这是一个理想的环境背景，在其中拼凑起考古学"谜题"的碎片即能复原古代科潘。

科潘的铭文字符。左侧的珠子代表着血液，上面的两个记号是阿波（ah-po）和阿哈瓦（ahau）；它们共同象征着拥有这个头衔的人是科潘王国"有纯正血统的国王"。此处科潘是以一只从侧面看有叶形鼻的蝙蝠为象征的

拼合历史

塔季扬娜·普罗斯科里亚科夫是最先使用"谜题"来比喻科潘的，她是一位完全改变了玛雅研究领域的杰出建筑学家、艺术家和铭文学家。在普罗斯科里亚科夫初次到访科潘后的很短的时间内，她曾痛惜道"倒塌后堆散在金字塔斜坡上的雕刻精美的建筑残件就像巨大的石块拼图"。这其实是科潘河谷的居住者所要面对的不利条件之一造成的结果：相对缺乏可从中提取高质量的石灰浆用于加固建筑的石灰岩资源。尤卡坦半岛的地质层可以没有限制地提供给大部分其他古典期玛雅遗址点居民充足的石灰岩，而科潘河谷和少数其他地方没有这种便利。因此，尽管在科潘，石灰浆也用于涂抹地面和石头建筑的外立面，但它的相对缺乏促成了使用泥浆黏合建筑碎石之间的缝隙。一旦建筑群被废弃，顶部的涂层破裂使得水和树根渗透进缝隙之中，最终将导致废弃的建筑群至少上层部分崩塌。另外，间歇性地震造成的毁灭性影响进一步导致曾经的王室神庙和宫殿变成碎石块。

那么，带雕刻装饰的科潘建筑的崩塌，带来了一个不可避免的挑战。更糟糕的是，对于这个特殊的"谜题"，没有可以依据的线索来复原或重建这些精美的建筑，在3处最有名的案例中，最初都有超过5000块的"马赛克"石雕立面的建筑残块。更为复杂的情况是，许多雕塑在古代和现代都已经离开了原来的位置。早在1885年，莫斯莱就苦闷地抱怨过雕塑被搬离遗址的情况。但他不知道的是，考古学家在近100年后将证明这类破坏早在古代就已经存在，甚至在古典期的末段之前就时有发生！

幸运的是，拼凑出神庙拼图的前景并非毫无希望。首先，每一组科潘建筑在设计和装饰上都区别于遗址上的其他建筑，因此，每座建筑物的母题图案都是特有的。其次，科潘雕塑在大多数情况下都是在石块被嵌入建筑立面之后雕刻的，这就可以将具有相同母题图案的相邻碎块按照同样线条和深度的浮雕排列在一起。再次，运用现代考古学的科技手段发掘装饰有雕塑的建筑时能获取关键的情景信息和建筑结构的证据。最后，结合铭文学家、艺术家、考古学家、建筑学家和艺术史研究者的多方面成果，对于最终拼合科潘的纪念碑性建筑是至关重要的。重建科潘建筑的结构、装饰和地层

塔季扬娜·普罗斯科里亚科夫复原描绘的王宫区图景，这与公元 8 世纪晚期科潘王国巅峰时期的情况大体相同。左侧为大广场，中间部分为 A 号球场第三期建筑以及象形文字台阶金字塔，右侧则是卫城。在最右边可以看到"墓地"的建筑

关系，使得我们可以在许多个案研究中借助遗址最新建立起来的王朝历史序列判断某个建筑的年代，并且更深层次地理解这些建筑对于古代玛雅的意义。

在我的指导下，"科潘马赛克计划"（The Copán Mosaics Project）有针对性地致力于上述进程的研究，这本书就是最先发布的研究成果之一。

由于铭文学家艰苦的和创造性的工作，科潘有文字记录的历史可能是拼合起来的最具吸引力的"谜题"。除了释读出自 19 世纪以来就作为玛雅象形文字研究核心的礼仪性的玛雅长历法日期和简略的"历轮"（Calendar Round）日期之外，现代学者还采用了两种新的研究路径：历史研究法，开始于塔季扬娜·普罗斯科里亚科夫和海因里希·贝林（Henrich Berlin）的研究，通过分析古典期玛雅的铭文推断国王的名字及其在世系

中的位置、他们统治的王朝和其他城邦的关系以及铭文中提到的重大历史事件；语音研究法，最初得到 19 世纪早期学者赛勒斯·托马斯（Cyrus Thomas）的支持，在 20 世纪 50 年代由俄罗斯学者尤里·克罗洛索夫（Yuri Knorosov）重新发展，同时，这一时期也正是普罗斯科里亚科夫和贝林破解历史密码取得重大突破的时期，这一方法关注具体符号在语音意义上的实际含义，它基于一份由 16 世纪的一位玛雅书写者记录的玛雅文书中用西班牙语发音的"字母表"，已知含义的象形文字在不同情境中的图形替换，以及现代和古代玛雅语言的比较。

现在，所有学者都认同除了长历法、太阳历、月历和不同的礼仪历法、行星历法是记录日期的以外，其他的古典期玛雅石碑铭文记载的都是历史事件。这些事件由专门的表示动词（普罗斯科里亚科夫最早称之为"事件文字"）的象形文字所标识，它们在文本中紧跟在日期的文字之后。谨慎借助文献、情境分析和比较研究后发现，动词包括以下内容：出生、继承权力、世系、王室访问、婚姻、战争和俘虏敌人、死亡和丧葬。特别常用的一个动词符号是"割礼"，一种由统治者在重要的"周期节点"（每隔 5 年）举行的仪式。

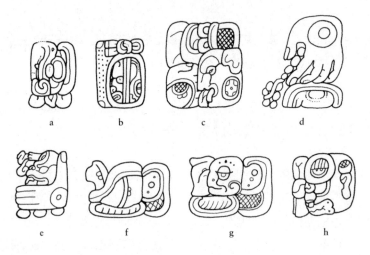

古典期玛雅铭文中经常使用的动词：a 为出生；b 和 c 为继承权力；d 为在周期结束的日子举行的"割礼"；e 为手握君权的仪式，一般在国王登基和周期结束的时候举行；f 为俘虏；g 为埋葬；h 为死亡

玛雅的时间计算体系

长历法代表了线性的时间计算体系，最早从前古典期晚期开始，一直到9世纪末期它都在中美洲大部分地区使用，它的衰落标志着玛雅历史上的古典期结束。这个体系从一个起始天或0天开始记录时间的流逝，现代学者相信这一天是公元前3114年8月13日。日期渐进使用更高的时间单位，从一个金（kin，1天）累积到一个伯克盾（baktun，144000天），具体如下所示：

20 金 =1 乌纳（uinal，20天）

18 乌纳 =1 盾（tun，360天）

20 盾 =1 卡盾（katun，7200天）

20 卡盾 =1 伯克盾（144000天）

每一个日期都用5个数字的形式记录（例如，8.7.3.17.3或者8伯克盾，7卡盾，3盾，17乌纳和3金），全部的数字总和就是从公元前3114年8月13日开始累积的天数。

在古典期玛雅的铭文记录中，完整的长历法日期之前都有一个介绍性的铭文，后面通常接着一个使用其他历法记录的对应的时间，这些历法包括：260天的礼仪历或卓尔金历（使用相同的数字和日名，例如"4阿哈瓦"，将13个数字和20个日名相结合，每260天为一个周期）；365天的太阳历或"模糊的年"历或哈布历（由18个20天的月组成，最后加上一个5天的不幸运月）；以9个"黑夜之王"为序的历法，按照顺序不停循环；月阴历（给定阴历月和日，以及阴历月的时长）；以及偶尔使用的另一种有819天的宗教历法。在古典期玛雅铭文记载中，所有这些历法记录的总数都是"最初序列"（Initial Series），以它们在任何一篇铭文的开头出现的位置为依据。

大多数"最初序列"的铭文记录的是古典期玛雅统治者的生命周期中有历史重要性的日子（见科潘B号石碑）。但有些长历法日期[弗洛伊德·劳恩斯伯里（Floyd Lounsbury）称之为"被操纵的历法"]指涉一些发生在过去或者未来的超自然事件，并试图证明玛雅统治者行为的正当性，这些日期通常并不被看好去实现统治者的目的，或者打破了传统的惯例。这里举例说明，长历法日期（书写为9.15.0.0.0，对应于公元731年8月8日这天）后面跟着一段纪念这座有名字的纪念碑的话，通过神圣的通常伴随着如此重要的历法周期的"割礼"仪式（可能是国王自己的血）来庆祝一个重要"时期的结束"（第9个伯克盾里的第15个卡盾刚好过完，从长历法的起点算起有1404000天）。诸如这类周期性的节点，在长历法中往往是每5个盾，这也是为纪念神圣艺术和铭文的众多时间周期中最普通的一个。有时候包括"割礼"在内的其他一些仪式也在这些节点日举行，但国王自己放血似乎是他在这些仪式场合能提供给神灵和祖先的最为珍贵的献祭。

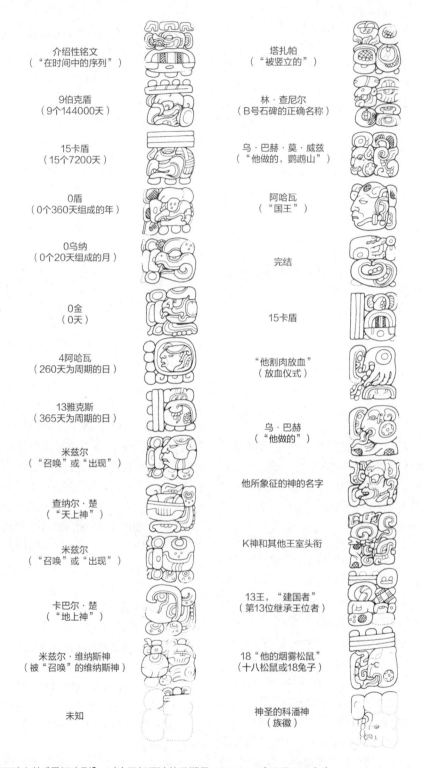

介绍性铭文 （"在时间中的序列"）	塔扎帕 （"被竖立的"）
9伯克盾 （9个144000天）	林·查尼尔 （B号石碑的正确名称）
15卡盾 （15个7200天）	乌·巴赫·莫·威兹 （"他做的，鹦鹉山"）
0盾 （0个360天组成的年）	阿哈瓦 （"国王"）
0乌纳 （0个20天组成的月）	完结
0金 （0天）	15卡盾
4阿哈瓦 （260天为周期的日）	"他割肉放血" （放血仪式）
13雅克斯 （365天为周期的日）	乌·巴赫 （"他做的"）
米兹尔 （"召唤"或"出现"）	他所象征的神的名字
查纳尔·楚 （"天上神"）	K神和其他王室头衔
米兹尔 （"召唤"或"出现"）	13王，"建国者" （第13位继承王位者）
卡巴尔·楚 （"地上神"）	18"他的烟雾松鼠" （十八松鼠或18兔子）
米兹尔·维纳斯神 （被"召唤"的维纳斯神）	神圣的科潘神 （族徽）
未知	

B号石碑上的"最初序列"，对应于长历法的日期是 9.15.0.0.0（公元 371 年）

在铭文文本中跟在动词后面的是事件的主角的名字，即在古典期玛雅历史舞台上的"演员们"。这些个人正式的名字通常占据1～2个象形文字字块，后面往往跟着一些其他指示"头衔""属性"的名称。通常在这样的长名字短语中的最后一个象形文字称谓，最初由贝林认定为专门的图像。在所有已发现的遗址中，这类象形文字都有某些特定的核心元素，但是每一个玛雅遗址的主要图像都是独有的和具有标识性的。贝林推测每一个遗址和城邦（或者可能是每一个统治世系）都有独特的象形文字，他称之为"族徽字符"（emblem-glyph）。因此，即使古典期玛雅的铭文中主人公的名字被侵蚀，只要族徽字符存在，我们也能知道他属于哪里。

古典期玛雅的纪念碑被大量侵蚀和有意破坏，这意味着此类探索工作的需求经常存在。铭文研究者基于正在研究的文献中保存完好的线索，或者依据对引用同样文献的其他文本的研究，能够复原一座纪念碑的完整日期，或者统治者的名字，以及铭文中提到的事件。只要知道一名统治者就任（或继承）和死亡的日期，依据他统治范围内的纪念碑的日期便可推算他的统治周期，或者把这位统治者作为铭文中纪念某件事情的主角加以引用。象形文字释读工作的积累性通常使释读者可以通过将一个特定遗址中部分或严重侵蚀的象形铭文作为基础来填补一个王朝的序列。

尽管在20世纪前半叶还有传统观点的较强抵制，但现在学术界还是比较一致地认为玛雅书写系统是一种图像和语音相结合的混合文字系统。虽然在拼音文字的数量和程度上还有一些分歧，但大多数学者都同意对语音元素的释读把控着今后破译古代玛雅铭文实际发音的观点。语音研究法能够帮助我们读出古典期玛雅历史的创造者的名字，以及此前不知道的对象，比如地点名称和纪念碑的名称。继续以这样迅猛的速度进行释读，后续的发表出版可能来不及跟上。新的破译会继续在科潘或者其他地方进行，并且会早于正式发表成果数年之久。

与此同时，对河谷内聚落卓有成效的研究工作继续由大卫·韦伯斯特（David Webster）、威廉姆·桑德斯和他的学生，以及新泽西州立罗格斯大学的温迪·阿什莫尔（Wendy Ashmore）和她的学生主导。这些研究告诉我们更多关于组成古代科潘社会结构的人群信息，也帮助我们理解科潘统治阶层的社会情境。这些资料对于我们理解王宫区废墟的公共纪念碑朝向的改变极为重要。如果我们知道统治者在何种情境下进行统治，我们就可能推断出为什么他们能建造这样的纪念碑。我们必须记住古典期玛雅那些体量大的、公共性的建筑和雕塑本质上都是政治—宗教意义上的广告，也是为上层统治者服务而设计出来进行信息传播的媒介。此外，我们通过研究意识形态和政治上的引起社会改变并使之合理化的力量，尝试着去理解为何人们聚集成团并发展出一个非平均主义的社会。我们还渴望通过全面详尽且大规模地观察被召集起来的人群的物质遗存，来理解玛雅社会的精英们发展和使用的政治和宗教上的象征物的本质。

如此多关于科潘的故事已被书写，并且还十分复杂，以至于我只希望在接下来的篇幅中能触及一些重点。但我也希望能表达一些兴奋感和传达出差不多 150 年以来众多致力于追寻这些伟大废墟的过去并取得成就的学者的发现成果。

（P29 上）1988 年"科潘马赛克项目"修复的 A 号球场第三期建筑——10L–10 号建筑上的猩红金刚鹦鹉

（P29 下）大广场上最显眼的是第 13 王 18 兔子的石碑

（P30）H 号石碑，是科潘保存最完整、最精美的石碑。以前被人们认为描绘的是一位女性，现在则被认为是穿着裙子的 18 兔子的形象

第 2 章　科潘河谷及其环境

定居的动力

　　科潘河若隐若现地在洪都拉斯西部的火山岩悬崖和沉积岩的群山之中穿行，它孕育出一个又一个拥有中美洲最肥沃土壤的小河谷或"小盆地"。时至今日，科潘也以高质量的烟草而闻名，而烟草是所有作物中最需要氮元素的作物之一。对古代河流地貌学的研究表明，直到公元 8 世纪，河谷低洼地每年的洪水泛滥使得本已肥沃和大多数充分灌溉的土壤获得新的营养，这为以农业为主要生业方式的人群提供了完美的环境。在 19 世纪 60 年代，科潘河谷丰饶的土地吸引了许多人从与危地马拉相邻的地区迁移到这里，他们着手清理森林以便进行农耕活动。因此，科潘范围内在斯蒂芬斯那个年代茂盛的热带雨林已经被清除了，这使得科潘比大多数其他玛雅低地更容易发现、标记和发掘古代建筑的遗存和其他文化遗迹。

　　科潘河谷居民具备的另一个环境上的优势是他们能获取丰富多样的原材料资源。绿色的火山凝灰岩用于建筑和雕塑上带外衣的石块，露出地表的基岩遍布河谷，其中包括一处在王宫区以北 0.5 千米、非常大的岩脉。该区域内的这类岩石在地质结构上非常稳定，因此科潘的石雕如果不是因为从它们的原始位置上掉落而摔碎，通常都能保存得相当好，甚至还能有那些可以深入研究、非常重要的细节。已知中美洲最大的玉矿产地是距离科潘只有 3 天行走路程的莫塔瓜河谷的中游，其就在今天的危地马拉东部地区。距科潘大约 80 千米处是一处黑曜石——玛雅人和许多其他古代人群用来制作石器的几乎透明的火山玻璃——的产地，即伊斯特佩克（Ixtepeque）矿脉。（在科潘河谷，几乎所有的家庭内都能发现黑曜石工具。这对现代考古学家来说是一个福利，因为工具边缘表面形成的水合层可以用于测年。黑曜石制品被埋藏得越久，它就能吸收越多的水分并在其边缘形成更厚的水合层。水合作用的速率可通过使用偏光镜测量已知年代背景的黑曜石工具上的水合层厚度来计算。如果已知水合作用的速率，接下来就能依据水合层的厚度，计算在发掘中找到的几乎任何一片黑曜石的年代。反过来，这也促使我们去判定和黑曜石工具共存的建筑与其他遗迹的使用年代，帮助阐释聚落的形成历史和河谷里的土地使用情况。）

河谷东部有一处花岗岩的矿脉可以开采磨石，磨石是把玉米粒加工成粉末用来制作玉米饼和其他食物的必要工具。北部有一处高岭土可以用来制作和装饰陶器。北部还有几处小的石灰岩矿点可以出产石灰，河流里也有从上游的高山上冲下来的有用的石头（包括制作砍砸器的燧石）。

与绝大多数玛雅古典期的城市中心只有平坦的石灰岩层作为环境背景显著不同的是，科潘遗址所在的区域拥有多种多样的景观。从地理上看（一定程度也是从文化上看），科潘更像是高地而非低地。科潘河谷很大程度上因为大约 600 米的海拔，年均温度为 78 华氏度（约 25.6 摄氏度，华氏度 = 32+ 摄氏度 × 1.8），比其他大多数玛雅低地要温暖得多。还有所不同的是，科潘比其他玛雅低地季节变化分明，这里每年的 1 月到 5 月底是旱季，而 6 月至 12 月底是雨季。这点和南部低地的热带雨林不同，那里只有一个雨季和更潮湿的季节，也不像尤卡坦半岛即使是在雨季也几乎没有降雨。科潘河全年都有充沛的水量，然而在尤卡坦和佩滕（在尤卡坦的南部）的部分地区，地表径流相对缺乏。科潘河孕育了肥沃的河流阶地，这是最早的一批农耕者在公元前 1000 年的后半段来此定居的原动力。

洪都拉斯西部和相邻的危地马拉东南部地区，显示了科潘河水系的主要盆地，以及基里瓜、阿玛里洛河（Río Amarillo）、埃尔帕拉索、洛斯希戈斯（Los Higos）以及黑曜石的产地伊斯特佩克的所在位置

科潘河和它的功劳

　　科潘河向西流经洪都拉斯最西端和与危地马拉东部接壤的多山地带，然后向北在现在危地马拉的萨卡帕市汇入莫塔瓜河。这条河在它的上、中、下游有不同的名称，分别是阿玛里洛河、科潘河（Río Copán）和卡莫腾河（Río Camotán）。它发源于塞拉加林内罗（Sierra Gallinero），科潘水系和查莫勒科河（Chamelecón River）水系在此被分隔开，后者向北向东流向广阔的苏拉平原（Sula Plain）和洪都拉斯北部海岸。它沿途需要其他支流和溪流的供给，有些是永久性的，有些是间歇性的，例如布兰科河（Río Blanco）、米拉索河（Río Mirasol）、吉拉河（Río Gila）和奥图塔（Otuta）溪、

切布拉多纳（Quebradona）溪、赛卡（Seca）溪、赛色斯米尔（Sesesmil）溪。这些支流大多有山泉作为源头。

　　从总体上看，科潘水系的地貌环境非常崎岖曲折，大多数支流在到达下一级科潘河自身的河床时都在下切的悬崖河谷中穿行。科潘河在其源头处的 22 千米内，海拔为 1100 米，到王宫区废墟时，海拔降至 500 米左右。沿着科潘河的河道分布有一些激流，这使得用独木舟航行变得困难。在洪都拉斯境内，科潘河"开凿"出一些小的开阔的平地。术语"谷地"一直用于指代河流以这样的方式形成的冲积平原。出于对习惯用法的尊重，大多数学生仍在使用"科潘河谷"这一术语（不应该将其与科潘盆地或科潘水系弄混淆）指代整个科潘河流域范围内的科潘河谷。科潘河谷包括王宫区废墟和紧挨着它的相邻聚落，其聚落数量和规模都比其他谷地里的大得多。从东往西，科潘水系在洪都拉斯境内发现的谷地分别被命名为阿玛里洛河上游（或东）谷地、阿玛里洛河下游（或西）谷地、厄加拉（El Jaral）谷地、桑塔尼塔（Santa Rita）谷地和科潘谷地。

　　在这些小的谷地中，科潘谷地是最大也是最开阔的一个，最宽处（两座山脊之间）近 6 千米，顺河而下长度约 12.5 千米。它的冲积平原面积有 10.3 平方千米。而在科潘以东的 3 个谷地则小多了，只有 6 平方千米的冲积平原。最东边的阿玛里洛河上游谷地和科潘谷地面积相差不多，拥有 8.8 平方千米的冲积平原，它是由布兰科河和科潘河最上游的一段（即阿玛里洛河）冲积而成的。除了这些由科潘河"开凿"出的主要谷地之外，支流沿线也还有一些更小的块状平地。这些平地被认为是"镶嵌型谷地"（intermontaine pockets），其中也发现了古代聚落的证据。它们在面积或居住密度上没有一个能与科潘河"开凿"的谷地内发现的聚落相比。

　　在洪都拉斯境内发现的这 5 个谷地，每一个都有 4 种典型地貌，这在科潘河谷内表现得尤为全面。这些地貌类型包括冲积平原、冲积台地、山麓和陡峭的山坡或山峰。冲积平原通常在面积上会非常局限，大多数平地都是由冲积台地组成的。但阿玛里洛河上游谷地是一个例外，这里有一处非常大的冲积平原。遗憾的是这处面积大而开阔的冲积平原出乎意料地缺乏排水通道，使得它成为永久的水淹地。

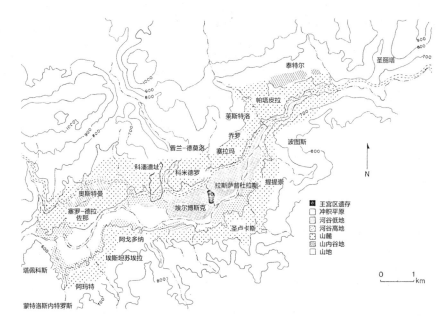

地图上显示的是科潘河（平行虚线标示）和科潘谷地（现代地名）的地形分布情况

在5个谷地中，科潘谷地尤为特殊，不仅是因为它广袤的平地，还因为它的山麓地带有相当大的延伸范围。山麓地带逐渐上升为高耸的山坡，这一渐变过程在河谷东部地区表现得特别平缓。科潘谷地的山麓地带包含很多古代的冲积台阶，也就是较高处的河流台地，它和较低处构成了河谷大部分平地的河流阶地正好相对。除了较高处的河流台地是由科潘河形成的之外，还有一些小的冲积扇也是经过了流入科潘谷地的支流成千上万年的冲积而形成的。现代科潘镇就坐落在一处由赛色斯米尔溪长年冲积形成的冲积扇上。这些大范围分布的平缓起伏的台地和一处较大的且排水通畅的冲积谷地，使得科潘谷成为比其他任何一个相邻谷地都更能吸引农业人群定居的好地方。

5个谷地除了在地形上富有多样性以外，在气候上的变化也同样如此。靠东边的3个谷地位置更高并更靠近这个区域（塞拉加林内罗）大部分热带雨林的源头，与西边的2个谷地相比，它们拥有更凉爽的气候和更高的年平均降水量。事实上，当我们从科潘谷地向下游向西前往危地马拉，气温、降水和植被组合变化都非常明显，气候直接变成了更干旱、更像莫塔瓜河中游盆地的类似沙漠地区的气候。例如厄加拉谷地，有1700毫米的年均降水量，而科潘谷地的数据显示其年均降水量为1439毫米。再往西，不但年均降水量减少，而且每一年间的降水量波动也急剧增大。这就意味着科潘谷地以西的地区曾经（哪怕是到现在）面临更大的风险，即任何一年都会出现对于农业需要而言过多或过少的降水量。

因此科潘谷地比与它相邻的谷地在面积、排水通畅的低地总量、山麓地带的延展性和肥沃度、降雨的总量及其规律性上都更有优势。文化地理学者 B. L. 特纳二世（B. L. Turner II）和他的同事注意到科潘谷地实际上是一个"生态交错带"（ecotone），即一个植被景观变化特别明显的地区。科潘谷地向西是危地马拉东部的干旱地区，向东是阿玛里洛河及周边更为典型的热带雨林区。

地质的历史与耕地分布

斯坦福大学的盖尔·马胡德（Gail Mahood）认为科潘河谷地质上的历史开始于1.36亿—6400万年前的白垩纪[①]（Cretaceous Period），其沉积层有蓝灰色的石灰岩和细颗粒的褐红色粉砂岩。整个地区当时受地壳抬升影响，许多原本在水平面上的岩层得以垂直升高。后来的沉积开始于6400万年前的第三纪早期（Early Tertiary Period）。

更晚一点的时候，火山循环运动持续不断（因为燃烧的火山灰和浮石形成了凝灰岩堆积），河流运动继而切开了这一凝灰岩层，搬运作用下的凝灰岩和沉积物几乎填满了整个河谷。最后一次火山爆发大约在1000万年前，随后是一个相对平静的地质时

---

① 译者按：此处内容与辞海中"白垩纪始于1.45亿年前，止于6600万年前"有出入，但翻译时我们遵循原文，特此注明。

期，在这个时期河流凿开了第三纪时的堆积物，只留下很少的、零散分布的古老岩石的山顶。当时的河流海拔比现在的要高，至少形成了两级阶地，与此同时，赛色斯米尔溪形成了至今还能看到的很大的冲积扇。

我们如今看到的地貌正是这些地质事件和过程的结果，其中玛雅人只经历了整个地质过程的一瞬间。这些露出地表的岩石在古代玛雅被集中使用，特别是细腻而纯净的石灰岩矿床（生产用于建筑和地面的石灰泥浆）、露出地表的凝灰岩（用于石质建筑、石碑、祭坛和其他建筑上的雕塑），以及产自帕塔皮拉（Petapilla）的石灰岩夹层中的一切燧石。

但是地质的历史对于台地的利用也产生过其他一些重要影响，特别是土壤的形成。粉砂岩形成的土壤暴露于地表且非常薄，矿物含量也很低，相比之下，那些从凝灰岩地层形成的土壤会较适合于农业，而那些在石灰岩矿床表层形成的土壤则会更好一些。但是，最好的土壤是科潘河在"开凿"科潘谷地的过程中冲积而成的台地上孕育形成的。

今天科潘河谷深度开发农业的地区可能和古代开发利用的地区完全一致。由于低土壤肥力和酸性土壤，现在覆盖了松树林的高山坡地带在古代不太可能用于农业。这一想法似乎能被聚落资料证实，因为很少在这些地区发现土墩或古代人群活动、居住留下的遗迹。在分布于山麓和相邻坡地上的所有不同类型的土壤中，那些从石灰岩底层中发育的土壤，或构成了河流冲积的高台地的土壤无疑是最肥沃和最可能集中开发的。在河岸的低阶地和冲积平原上的土壤是整个区域最肥沃的，在河水泛滥期间，这些土壤沉积了含有矿物的泥沙和黏土。如今科潘河谷低地还有一些中美洲最为肥沃的土壤。

河谷地带土地利用的历史

堪萨斯大学的威廉姆·约翰逊（William Johnson）通过研究河流阶地的断崖和河流，以及仔细分析科潘考古保护研究所第一期（Proyecto Arqueologico Copán Ⅰ，PAC Ⅰ）项目的考古学家提供的发掘探坑里的样本，弄清了河流的地形学和科潘谷地冲积形成的历史。约翰逊能够证明较高的河流台地的表面和断面都是在玛雅文化之前的，测年时间大约为 10000 年前的旧石器时代。河流下切在河谷低地留下的深沟明显触及了基岩，河谷底部沉积层的证据也显示了在聚落定居之前的层位，这在王宫区两侧沿河流边缘发掘的最深探沟和土壤钻芯的证据中都能得到证明。在这些沉积土壤之上的是前古典期中期的堆积，其中的个别案例（9N–8 号建筑，见第 4 章）最早的时间为前古典期早期的最后几百年（约公元前 1300—前 1000 年）。

按约翰逊的推测，科潘河的低地见证过从公元前 1000 年到古典期中期开始阶段定期的沉积和河流的改道。虽然评估沉积的持久性和强度很困难，但似乎可以确定的是，尽管沉积经常发生但沉积量都不大，而且很明显的是，其没有产生对文化的重要干扰。在较深处的试掘坑和河谷底部的试掘中，通常能有有序列的细腻沉积物和文化遗物共同出土，偶尔见到的鹅卵石层可能是建筑物的填充物。我们可以发现砂层或砂砾晶体、泥沙或河流沉积的泥土不规律地掺杂在成序列的地层中。这些后来的沉积物的自然属性是通过成分分析确认的，但它们平面上有限的范围和纵深深度暗示它们并非灾难性洪水冲积的结果。

似乎在古典期中期的后半段，至少可以肯定的是到公元 700 年，玛雅人改变了科潘河的走向以防止河谷低地进一步的沉积和河道摆动。毫无疑问，关于河流改道的劳动力和科技知识在古典期中期就已经存在，并且当时人口的规模和人群在河谷低地的持续聚集可能使得这样一个工程成为各方面高度期待的焦点（见第 5 章）。至少从古典期中期到古典期晚期的末段，王宫区本身就位于一个由塞拉玛溪（Quebrada Salamar）冲积形成的冲积扇上，同时它经过明显的人为抬升和足够的保护性措施可以避免河水侵蚀。

　　然而，在王宫区废弃之后的若干时间，人工河道被河流冲刷掉了。约翰逊推测在1000年至500年前，科潘河又向下深切到自己的河道。由此它还开凿出如今的冲积平原，使得古典期的河谷低地地表变高且干燥：这从冲积平原和由我们定义的低处的河流阶地可以很容易地分辨出来。科潘河下切深沟后河道保持一段时间垂直方向上的稳定，这时河流一直保持在相同的高度上蜿蜒流淌，开拓出一片更广大的冲积平原。对于考古学家来说，这个时期河流垂直方向上的稳定性是最不幸的结果，因为新开凿出的洪泛平原致使超过200公顷的古典期地貌被破坏，包括在这个范围内的所有考古学遗存。现在看到的河流冲积区破坏了很大一部分台地和卫城东边的建筑结构，这被生动地戏称为"考古学剖面"（Archaeological Cut）。事实上，尽管在19世纪末期人们想了很多方法来控制河流的破坏力，然而在20世纪初的20年，卫城东院落上的3组建筑（10L-20号、10L-20A号和10L-21号建筑的大部分）还是被河流完全冲毁了。

　　卫城是唯一一处受到现代平原形成影响的人工遗存。但曾经作为科潘城密集居住区的大部分低地却被河流直接冲毁。特别巨大和惨痛的损失是城市中拉斯萨普杜拉斯（Las Sepulturas）和埃尔博斯克（El Bosque）现在仍留有遗存的南部区域，那里一定保存有上百处原生的古典期晚期的建筑，但如今已被完全冲走了。此外，其他损失可能是紧挨着现代科潘镇所在的冲积扇以南的很多居住建筑，因为我们知道古典期晚期时在那个冲积扇的顶部有一处密集居住区。还有，古典期晚期的原生地貌也被河流破坏了。很具讽刺意味的是，科潘河最初是人们定居于此的原因，到头来它却摧毁了许多在科潘河谷的属于古典期晚期的玛雅文明的聚落。当我们估算整个河谷的人口数量时，这个事实也必须被考虑在内（见第8章）。

　　科潘排水通畅的盆地内多样化的地貌形态、不同的土壤类型和特征明显的降水量无疑造就了玛雅文化之前的植被面貌上的多样性。然而，由于古代和现代对环境的人为干预，目前只有3种基本类型的森林植被：混合型季节性落叶林（分布在河谷低地）、高度季节性落叶林（分布在山麓）和松树-栎木林（分布在较高处的山坡）。当加林多以及后来的斯蒂芬斯、凯瑟伍德在19世纪的前半叶到访科潘时，分布在低地的是生活着猴子和美洲豹的浓密的热带雨林。这片森林自从古代科潘消失以后持续生长，包含红木、藜科灌木、木棉、西班牙香柏和大的无花果树。19世纪60

科潘河谷的景色，前景就是隐藏在广袤森林中的王宫区

年代，来自危地马拉的移民被这一区域的肥沃土壤吸引，他们来到科潘谷地并砍伐了森林，只在卫城留下了少量的木棉树和一些较大的西班牙香柏。1919 年，威尔森·波普诺（Wilson Popenoe）出版了一部令人兴奋的著作《科潘可利用的植物》（ *The useful Plants of Copán* ），里面列出了 20 世纪早期居住在河谷的人们利用的所有植物名录，包括：主食类的玉米、大豆、南瓜和番茄；水果类的牛油果、可可、美果榄、墨西哥山楂、菠萝、樱桃、番石榴和番木瓜；非食用类的烟草、棉花；以及其他丰富的、不知名的作物。

边界理论和农业

科潘河谷由缓丘和大山所围合的环境使它成为研究古代玛雅文化变迁的一个理想场景。人类学家罗伯特·卡内罗（Robert Carneiro）基于"边界"的内涵修订过用来解释复杂文化和"国家"这一级的社会—政治实体何以兴起的理论。根据卡内罗的理论，早期国家最有可能在被自然环境包围并阻碍了人群向新领地扩散发展的环境中诞生。按此说法来看古埃及，尼罗河河谷就被沙漠和沙漠之外的海洋包围。如果一个农业社会是在越小的封闭环境中起步的，它就能越快地发展出用以促进和保护经济和政治权力等级制度的社会机构。因此，在科潘的案例中，集中分布在河谷冲积低地的农业土地构成了持续竞争和更加复杂的社会与政治机构得以出现的关键资源。这些地理特性使科潘成为最适宜用来检验边界理论和基于生态环境的模型来解释文化变迁的玛雅遗址之一。

弗雷德里克·怀斯曼（Frederick Wiseman）于 1979 年，大卫·鲁（David Rue）于 1985 年、1989 年分别对科潘河谷保存下来的花粉遗存进行了研究。结果显示科潘河谷从大约公元前 1000 年开始就有了农业活动（特别是玉米的种植）的证据，并一直延续到古典期晚期之后很长一段时间。我们相信古典期玛雅人进行的最基本的农业耕种模式是割除或烧除植被后的临时农田或至今仍在玛雅地区使用的"放火烧山"方法，使用该方法会清除一片森林并可耕种 2 年左右，以便农民重新耕种时土壤能重新形成肥力。至迟到前古典期晚期，最基本的"砍烧法"在一些玛雅低地得以改进，远达伯利兹的普拉特奥泽湿地（Pulltrouser Swamp）和埃兹纳（Edzná）附近的坎佩切遗址，特别是在抬升的农田和其他集约生产的方法出现之后。在科潘河谷，有一些技术增强的证据，形式包括在干燥的阶地上垒石墙和建设水管理系统：在第四期编号第 79 次发掘（Operation IV/79）时发现了冲积低地上的改道河道；在佩特皮拉（Petepilla）发现了一座拦截溪流的蓄水坝，但它是否为古代遗物是有争议的。但是，至今还没有发现与真正的"水管理社会"类似的可以和劳动力强度相匹配或可见到丰富水利设施的证据，例如在中美洲的特奥蒂瓦坎和特诺奇蒂兰（Tenochtitlan）的那些发现。不同的是，科潘的玛雅人似乎是依靠基本的热带雨林农业，集中种植玉米、大豆和南瓜——古代中美洲农业的"三件套"，并以园艺作物例如番椒、西红柿和果树作为补充。今天，玉米和大豆在更加湿润的科潘河流域上游地区，例如赛色斯米尔溪和阿玛里洛河上游谷地能够种植两季，这一农业实践在古代也可能如此。

关于玛雅文化分布区农业活动的强度和持久性的问题一直都充满争议，对科潘农业问题的解释也不例外。事实上，鲁对花粉遗存的研究能够帮助谨慎的考古学家面对这样的事实，即在象征集权统治秩序的王宫区政治崩塌之后的至少3个世纪，还有人继续居住在科潘河谷并从事农业活动。尽管只是观察树木的截面，但怀斯曼的研究也表明今天具有代表性的3种基本类型的森林植被在古典期已经存在。因此，古典期的气候和现在的气候没有非常明显的差异。我们在考虑科潘城邦国家的崩塌时将再一次引述花粉研究的成果，但现在我们先将目光转向多年以来学者们试图回答的有关科潘的农业活动或其他问题。

第 3 章 玛雅考古走向成熟

在我们着手准备在科潘工作后不久，战争也爆发了，一边是危地马拉和洪都拉斯交战，另一边则是萨尔瓦多和尼加拉瓜。战争严重干扰了我的工作……相邻地区的所有骡子都被征用用于战争运输，这对我从雅扎巴（Yzabal）中转运输获得储存品和物资造成了很大困难。身边所有的劳动力都非常不情愿地被抢去当士兵，因此我不得不雇佣超过了服兵役年纪的人来维持我的工作，也有少数努力躲避政府官员监管的流浪汉和离群索居者。每当有部队朝村庄进军的消息传来，我的邻居们就准备带上他们仅有的一点家当躲到丛林里去，村庄就留给两三名瘸子或一群老到掉了牙齿的妇女看守……在危地马拉城的朋友们写信给我，他们大多都强烈地催促我撤离到海边，并且在基本不可能实现的情况下，在交通如此凶险的环境下，还给我送来了我所需要的银钱以便我继续支付薪水给干活的工人。但我决意坚守到底……

最早的中美洲考古和探险

这也同样是有着坚毅决心的英国人阿尔弗雷德·莫斯莱在 1885 年置身其中的环境，当时他正尝试在废墟上进行调查和为科潘的雕塑做石膏翻模。似乎在斯蒂芬斯和凯瑟伍德之后的岁月里也没什么变化，他们在前往科潘的路途上被一些奸恶之人逮捕并关进监狱。适逢从西班牙殖民统治中获得独立带来的政治上的剧变，穿行在 19 世纪中美洲边远落后的乡村并不轻松。如莫斯莱、加林多、斯蒂芬斯和凯瑟伍德，以及哈佛大学皮博迪博物馆洪都拉斯探险队的成员们，这些人所具备的决然勇气和坚毅之心是无与伦比的。这些人怀揣好奇心和抱负，要克服重重险阻（从人为阻挠到自然困境），去完成他们选择的事业。不过说实话，他们遇到的难题很多是自找的。例如斯蒂芬斯就承认他几乎不会西班牙语，然而他还试图整顿一个政治混乱地区的所有错综复杂的政策。在后来战争情况最危急的时候，莫斯莱仍坚持用骡子从科潘运走 4 吨精美的石膏翻模件。无独有偶，皮博迪博物馆翻模了象形文字台阶金字塔上的每一级石阶，并同样用搬运工和骡子从山里的（未经人工修整过的）古代小道往外运输。也许是因为这些山间道路并不"好客"，并且在西班牙人殖民时期科潘河谷都处在边界的地理环境，这个令人惊奇的废墟在被忽略多年之后才重新展现在世人眼前。

　　第一份关于科潘考古遗址的报告是 1576 年迭戈·加西亚·德·帕拉西奥（Diego García de Palacio）写给西班牙国王菲利普二世（Philip II）的。迭戈叙述的细节中只提到他看见过遗址而没有提出问题。事实上，在他到访的时候，大广场上有 6 座石碑依然矗立，而到了斯蒂芬斯的时代，只有 1 座还保持直立。在 1576 年，大广场上还保存有一座正式的入口，"和一座石质的鹰的雕塑，在它的胸前有一块 3 平方英尺（1 英尺等于 0.3048 米）大小的铭文，我们不知上面的文字其中的含义"。迭戈准确地描述了大广场和遗址上几处更重要的石雕，但他也因为不能准确辨认出是什么人建立了"这么伟大的政权以及如此高度文明和先进的艺术作品而感到困惑"。他从原住民（尽管他试图获取相关记录，但他们没有书本记载，只是口头告诉了他一些）那里得到的最好信息是："他们说在古时候，从尤卡坦半岛来了一位伟大的国王，修建了这些庞大的建筑，许多年以后，国王回到了自己的国家，这些建筑就完全废弃了。"迭戈报告里提到的废墟所在的村庄或乡镇的名称就是科潘，从那以后这处废墟就沿用这个名字至今。遗憾的是，毫无疑问，科潘不是古代这处废墟的名称。其他关于科潘遗址的介绍是 1689 年弗朗西斯科·安东尼奥·福恩特斯·古兹曼（Francisco Antonio Fuentesy Guzmán）和 1808 年多明戈·胡洛斯（Domingo Juarros）编写的，但这些内容太富于幻想以至于大多数学者怀疑他们是否真正到访过遗址现场。

1834 年 4 月，胡安·加林多上校作为中美洲政府任命的军官到访过科潘遗址。他已经探索过帕伦克（Palenque）和乌塔特兰（Utatlán）的玛雅废墟，这使他成为对科潘遗址做一番研究的唯一合格人选。尽管他在科潘进行了几个月的文字记录、平面绘图、全景图和象形文字的释读工作，但他的研究报告直到很久以后才得以发表。不过他当时在伦敦、巴黎和纽约的报纸和文学期刊上发表的描写遗址的几封信的确取得了成功。同时他也被认为是推动了科潘最初的发掘工作的人，在卫城的东庭院他发现了一座保存人骨和几件陶器的墓穴。

尽管加林多的描述简单又浅显，但它还是抓住了约翰·劳埃德·斯蒂芬斯的眼球，后者的更为长篇和带有精美插图的记述——《中美洲、恰帕斯和尤卡坦行记》（*Incidents of Travel in Central America, Chiapas, and Yucatán*）（1841）成了一本畅销书，在短短 3 个月的时间里就再版了 10 次。除了引人入胜的文字，这本书填充了由英国艺术家弗雷德里克·凯瑟伍德绘制的精美绝伦的插图。凯瑟伍德的伟大才能也许只有他的坚持不懈才能媲美：当了解到他创作绘画时身处的环境时，人们会更加钦佩这些作品。斯蒂芬斯一方面呈现了悲叹式的感人片段，使人寻找不到关于这些纪念碑的建造者及其意义的信息，另一方面还展现了细致入微的观察和富有见解的推断。考虑到他此前记录埃及和近东古代纪念碑的相关经历，由他来推导古典期玛雅艺术和文书的历史学价值就变得非常合理。他还提出假设：至少放置在祭坛前面的一些石碑是用于献祭的物品。

从十足的吸引力和高度的探险性而言，是否有能与斯蒂芬斯的叙述相提并论的作品值得怀疑。但让今天的我们仍感到特别不可思议的是，他能确保为科潘遗址购买物品的总价达到 50 美元！"接受此价格不存在任何困难。我付过那么多钱，因此唐·何塞·玛里亚（Don José María）认为我是个十足的傻子；并且我如果付得更多，他认为我的愚笨会更加严重。"

莫斯莱、皮博迪博物馆，以及第一次科学的调查

即使后面的数十年间仍有屈指可数的个人前往遗址，但直到 1885 年，对科潘探索的历史才迎来另一个重要篇章。阿尔弗雷德·莫斯莱在完成对玛雅废墟的"好奇心之旅"之后，开始着手最初的发掘：详细的平面图、剖面图和建筑物的地图，以及精美的照片、模件和由安妮·亨特（Annie Hunter）绘制的科潘与其他几处主要遗址的玛雅纪念碑的绝佳画作。在这个领域里，他尝到的种种苦头已经在本章的开头引述过，他面对的一些问题是他带走了雕塑和模件，如果没有更麻烦的问题，这些也至少能与他在中美洲遇到的其他困难旗鼓相当，这可以从伊恩·格拉汉姆（Ian Graham）最近的部分作品中扒出一些线索。

莫斯莱在五卷本的《中美洲生物志·考古学卷》（*Biologia Centrali-Americana— Archaeology*）（伦敦，1889—1902）中展示了他非凡的研究成果，西尔韦纳斯·莫利称之为"能使科学研究变得丰富的最重要的出版物"。莫斯莱大量的工作和皮博迪博物馆出版的其他专著，使得那些对古典期铭文进行破译的学者能够从足够精准的石碑复制品中开展集中研究。科潘象形文书全集成为学术研究的主要对象。

除了记录和翻模科潘遗址依然挺立的石碑和祭坛之外，莫斯莱还影响了最开始的关于对较大型建筑的发掘的各方面。尽管迭戈和斯蒂芬斯都曾写到"墙""台阶""土墩"，而且斯蒂芬斯甚至还将几处建筑描述成"金字塔"，但他们并未抓住核心，即那些坐落在阶梯状平台和金字塔底座上的石头建筑。莫斯莱很快意识到这个事实并开始调查几处更著名的建筑。他被认为是最早详细记录了玛雅的拱形门梁的人，他还发现了一些此前在玛雅地区从未发现过的最精美的建筑雕塑。它们包括 22 号神庙的内棺、11 号神庙里的石床和 26 号神庙的象形文字台阶。更难得的是，他对 20 号神庙进行发掘并做了相当丰富的文字描述、绘图和照片记录，接下来的数十年，科潘河将 20 号神庙彻底冲毁，他的工作为我们留下了我们现今所知道的关于这座高大且令人震撼的建筑的全部内容。他还留下了对 14 号、16 号和 24 号建筑的调查笔记、照片，以及当时能见到的所有石碑和祭坛的完整描述。莫斯莱也可能是最早关注大量石头房屋遗

存和王宫区两边存在抬升的基址的学者，"有证据表明大量的人曾一度生活在这个平台上"。

受到莫斯莱工作的刺激，在美国考古学和民族学领域，同时也致力于释读玛雅象形文字的、杰出的、对皮博迪博物馆而言十分重要的一位赞助人——查尔斯·P. 鲍迪奇（Charles P. Bowditch）在1891年获得了对科潘废墟进行调查的机会。在与洪都拉斯政府达成一致的条件下，皮博迪博物馆保证洪都拉斯出土古物10年的维护和安全，同时也获得发掘以及分享一半出土器物的权利。因此在1891—1895年的4次调查（其中1893—1894年由莫斯莱主导）期间，出现了大量新的发掘和雕塑品的记录。洪都拉斯政府在罢黜了签署协议的总统之后，先是撤销了协议然后又重启了该协议，但是1895年以后，继续在科潘开展工作变得没那么容易了。

皮博迪博物馆的数次考察都做出了为数众多的更为重要的贡献：此前不为人知的9座石碑（7号、8号、9号、11号、12号、13号、15号、16号和19号石碑）被发现，26号神庙的象形文字台阶被全部揭露（莫斯莱发现了但没有清理），还有使11号神庙南侧的检阅台（Review Stand）更显优雅的此前没被发现的文字以及21A号神庙内部的石床被发现。其中象形文字台阶的调查工作尤为重要，它揭露了新大陆发现的至今为止篇幅最长的雕刻文本。这项调查由皮博迪博物馆第二次考察的负责人——约翰·欧文斯（John Owens）发起，但他因为不幸身患热带性高烧于1893年2月17日逝世。[西尔韦纳斯·莫利葬于玛雅地区时墓前只有几株灌木，但他却和厄尔·莫里斯（Earl Morris）在大广场上的欧文斯的墓前放置了一块墓碑，上面写着："欧文斯卒于1893年4月。一位为科学献身的殉道者。"①]台阶的调查工作由乔治·戈登（George Gordon）在1895年完成，他主导了皮博迪博物馆的第四次考察，并写了一本专著《科潘废墟的象形文字台阶》（The Hieroglyphic Stairway, Ruins of Copán）。

除了发现和记录雕塑，为了给博物馆收集标本，皮博迪博物馆考察队的队员在王宫区内和与之有关的地点做了相当多的发掘工作。在1920年写的书中（见下

---

① 墓碑上的原文。

皮博迪博物馆探险队的约翰·欧文斯（骑在骡子上），带领搬运工从科潘运输石膏翻模的构件及模具到巴里奥斯港（Puerto Barrios）

皮博迪博物馆探险队的乔治·戈登，在象形文字台阶金字塔上工作

文），莫利简要地评估了他们在这方面做的工作："在科潘的发掘，特别是墓葬，收获了令人相当满意的发掘品。"尤其值得说道的是 1 号墓的发现，这座墓出土了数量丰富的陶器和其他物品，最为精美和重要的是雕刻图案的野猪头盖骨。直到今天，这件野猪头盖骨仍可以代表迄今发现的玛雅最精美的艺术作品之一。另一项重要的成就是戈登在科潘河谷的工作。他制作了河谷的第一幅地形图，图上标注了包括王宫区内已发现的几处纪念碑的地点。戈登还主持了河谷内几处洞穴的发掘，找到了河谷内目前年代最早的人群的遗存。因为这项发现，洞穴中的器物代表了最早的陶器组合，并且后来在河谷其他地方的发现都以他的名字来命名。

　　下一位对科潘考古做出重要贡献的是赫伯特·J. 斯宾登（Herbert J. Spinden），他在哈佛大学的部分学位论文研究的是石碑的样式变化。收录在皮博迪博物馆大事记中的《玛雅艺术研究——主体材料和历史变化》（*A Study of Maya Art, its Subject-Matter and Historical Development*）指出，科潘的材料清楚地显示了科潘艺术风格的变化，这可以作为一项独立的证据来验证借助玛雅象形文字来判定纪念碑年代的有效性。通常，文字本身被侵蚀且变得模棱两可，如依据 D 号石碑（上的铭文），斯宾登就认为对长历法最开始的释读晚了将近 200 年！

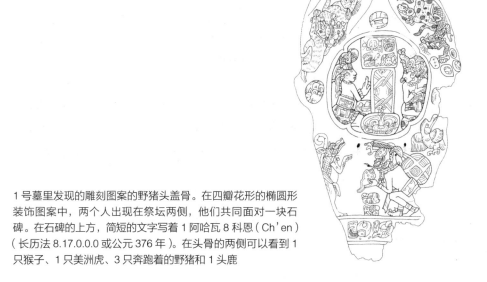

1 号墓里发现的雕刻图案的野猪头盖骨。在四瓣花形的椭圆形装饰图案中，两个人出现在祭坛两侧，他们共同面对一块石碑。在石碑的上方，简短的文字写着 1 阿哈瓦 8 科恩（Ch'en）（长历法 8.17.0.0.0 或公元 376 年）。在头骨的两侧可以看到 1 只猴子、1 只美洲虎、3 只奔跑着的野猪和 1 头鹿

尽管以上讨论的每个人都在一些事情上有过开拓性的贡献，但我们也必须承认第一位真正意识到科潘是一座城市且它能影响到远在危地马拉的基里瓜的是孜孜不倦的玛雅考古学家、探险家和铭文学家——西尔韦纳斯·莫利。卡耐基研究所成为 20 世纪上半叶对玛雅考古学和民族学最大的、唯一的支持者，很大程度上是因为莫利的演说才能和充沛精力，这一时期也被乔治·斯图尔特（George Stuart）在他玛雅铭文释读历史的研究中称为玛雅考古的黄金年代。

卡耐基时代

科潘是莫利在卡耐基赞助下调查和集中研究的第一处遗址。在 1920 年，莫利出版了一卷 644 页的巨著《科潘雕刻铭文》(The Inscriptions at Copán)（华盛顿卡耐基研究所出版的 219 号著作），这是为未来所有研究玛雅象形文字奠定基调的扛鼎之作。这部伟大著作让人惊叹之处在于，莫利仅仅对遗址进行了 10 周的调查，里面包含其从 1910 年到 1919 年前后 7 次到访遗址的结果。

莫利的书是（在某些方面仍是）铭文研究中具有决定性的要目，里面详细记录了他到达过的每一座纪念碑的资料，其中既有实地观察，也有检索获得的其他学者的绘图和照片。他按照年代排列和分析象形文字材料，并最终专注于日历和天文星象的文本，这是那个时代的主流。莫利备受批评的一点是他试图将所有已知的玛雅日期插入到以 5 年、10 年、15 年、20 年为周期的时间序列（period endings）中，这在他对科潘以及后来他对整个玛雅低地的研究中都有体现。事实上，他在《科潘雕刻铭文》中非常骄傲地提到他对时间估算的研究试图"暗示时间在不同的阶段甚至可能都是他们文字的最主要内容"（原文中强调）。

关于所有的石头纪念碑都是记录时间历程的观念根深蒂固，以至于影响到学者们对玛雅社会本质的看法。突然间，所有的日期一定要联系到天体运动或者遵循着严格的时间过程，或者两方面都有，并且所有的人物造像都要代表主导观察历法的祭司（而不是斯蒂芬斯书中的"供奉的神灵和英雄"）。这很快成为毋庸置疑的信条：玛雅社会是一个神权政治国家，拥有观察时间运转与天体（和驾驭其中的神）运行规律的专职祭司，统治着分散在农村里的老实的农民，这些农民只偶尔在宗教节日的重大仪式上集会。根据传统学者的观点，古典期玛雅社会是非常纯粹的，以至于文字中没有留下多少空间给如战争、王位继承、相邻城邦的联络和结盟这些如此世俗的主题，更不用说关于国王们历史地位的虚荣的赞歌。在较晚时期，奇琴伊察（Chichén Itzá）的艺术作品中对战争和献祭清楚的解释来自中部墨西哥入侵的"野蛮人"。对于被特许研究它们的西方学者来说，古典期玛雅文化变得比地球上任何已知的文化都更加理想化，这可能是因为世俗的和自负的（也是典型人为的）力量引起的剧变曾导致两次世界大战的发生。我们甚至不用为玛雅世界做任何声明，玛雅世界就会被抬到象牙塔里。

值得称赞的是，在莫利早期的著作，包括这本科潘的书中，他打开了古典期玛雅铭文存在其他解释的大门。在讨论科潘铭文的编年历中经常重复出现的一个日期——9.16.12.5.17 6 卡波安 10 摩尔（对应公元 763 年）时，莫利认为它"很可能与一些实际发生的历史或天文事件相关联"。最近的研究表明这一事件实际上是科潘第 16 王雅什·帕克继承王位。他还注意到了另一个日期（公元 738 年）没有落在他所支持的周期纪年的日期范围里，但被记录在了科潘和基里瓜的铭文中。他的假设是，这个重大日期"很可能是一些实际历史事件发生的时间……对于二者的历史都是适用的"。他不太知道的是，他指的这个日期随后被证明是声名显赫的科潘第 13 王被来自基里瓜的对手砍下了头颅。同样地，我们必须以比莫利的后继者更大的视角确信他的贡献，因为他一针见血地指明了"我们可以怀揣信心去发现……地名、人名和规律性的意义，在此帮助之下我们最终能填充玛雅历史的背景知识，就像我们早已完善的年代框架一样成功"。

1935 年卡耐基研究所联合洪都拉斯政府开始了一项对王宫区废墟长期的调查和修复项目。在卡耐基时代，许多建筑和纪念碑得以修复成游客今天能看到的样子：A 号球场、10L-11 号建筑的 11 号神庙、10L-22 号建筑的 22 号神庙、10L-26 号建筑的象形文字台阶和大广场上的石碑。尽管我们相信莫利能够确保历史研究部（Division of Hi-

storical Research）选择科潘作为资助对象之一并进行调查，但古斯塔夫·斯特罗姆维奇
（Gustav Stromsvik）才被认为是从 1935 到 1942 年好几季研究与修复的田野工作的主
导者和执行者，且他在 1946 年也曾短暂负责过。斯特罗姆维奇是一个充满热情、脚踏
实地、勤恳务实的人。在他任职田野考古主任期间，他重新立起了倒塌和破碎的石碑，
修复了 A 号球场、10L–26 号建筑的象形文字台阶和 11 号神庙的象形文字镶嵌石板，
监督了奥布里·特里克（Aubrey Trik）修复 22 号神庙，修筑了一道巨大的石堤以保护
卫城免遭科潘河冲毁，改变了河道本身，修建了科潘博物馆和让科潘镇中心广场更优
美的喷泉和公园。由于他的热情和成就，直到今天，"唐·古斯塔夫"在科潘仍保留着传
奇人物的色彩。

斯特罗姆维奇和他众多的同事完成的最具雄心的项目可能就是对象形文字台阶的
修复。在科潘城废弃之后，自然力推倒了差不多 30 级台阶。尽管皮博迪博物馆第一、
第三次考察的队伍成功地揭露了所有保留象形文字的石块，但他们基本没有在台阶西

10L–11 号建筑面朝南。它原本是一座两层楼的建筑，也是卫城中所有建筑纪念碑中装饰最华丽的建
筑之一

边空地上重新将它们排列。在修复这些散落的雕塑时，斯特罗姆维奇和他的同事坚持的理念是保存每一块石头，而不是把它们交给游客来同情和让时间气候来侵害。同时，对台阶的修复可以让游客感受到这座建筑昔日的宏伟辉煌。

宏伟可能是对塔季扬娜·普罗斯科里亚科夫绘制的科潘线绘图最好的形容。身为建筑师，普罗斯科里亚科夫最开始绘制了彼德拉斯内格拉斯的玛雅废墟的复原图。后来，对她画作的评价引起了莫利的注意，为了给卡耐基研究所多画一些画，他（友好、热情而且热衷）安排她去科潘和其他遗址考察。她对科潘神庙上的镶嵌雕塑做了很多不同的研究，这些研究是其重建研究的一部分。在她众多细致投入的观察中（特别是在她的田野笔记中），我们可以发现对 A 号球场超大型石雕塑上鹦鹉头和翅膀、22 号神庙"怪兽嘴"的入口的认定，以及对 11 号神庙外部原本装饰有巨大鳄鱼的推敲。在她的经典著作《玛雅建筑图集》（An Album of Maya Architecture）（华盛顿卡耐基研究所，1946）中收录了很多真正令人赞不绝口的复原作品。

10L-22 号建筑面朝东北。在"怪兽嘴"的门道内（注意入口处两侧的牙齿），可以看到一些用来装饰建筑内部的精美雕塑

卡耐基支持的团队做出的其他重要贡献还包括约翰·朗伊尔三世（John Longyear Ⅲ）对陶器的研究及其随后的出版物《科潘陶器》（*Copán Ceramics*）（1952），以及第一幅对科潘河谷地表上还能见到的废墟的详细地图，该图作为朗伊尔的书的卷首插图出版。朗伊尔对科潘河谷历史的重建深受莫利提出的模型的影响，他假定公元 5 世纪时说玛雅语的人群进驻科潘、石碑崇拜兴起，后古典期一小群且不重要的人居住在此，并不再竖立石头纪念碑作为科潘玛雅文化结束的标志。然而，朗伊尔的研究得益于他能利用的许多当时在科潘所做的纯粹的考古调查工作。例如，现在弄清楚了还有一个"前铭文"（或他们认为的前玛雅）时期有人居住在河谷，后纪念碑时期（或后古典期）也有人居住于此。

朗伊尔和斯特罗姆维奇在资料分类上受到过资助。此外，科潘当地人杰苏斯·努内斯·钦奇拉（Jesús Núñez Chinchilla）对科潘博物馆内分类陈放的陶器和其他物品的研究也曾受到资助，后来他成了一名物理学家并最终担任洪都拉斯历史学与人类学研究所（Instituto Hondureño de Antropología e Historia，IHAH）的第一任所长。在担任所长期间，努内斯博士仍继续进行一些在王宫区的未完成的修复工作，但其进行更多的还是在河谷内的发掘工作。他在河谷南边的一个洞穴内找到了一处非常吸引人的进行奉献仪式的壁龛，里面填埋了几乎每一种尺寸和形状的翡翠；他还在大广场正北面发掘了一处较大的并长时间用于居住和埋人的台墩。

最近的调查

在 20 世纪 70 年代中期，哈佛大学中美洲考古学和民族学研究方向的戈登·威利教授，受到时任洪都拉斯历史学与人类学研究所所长何塞·阿德安·奎瓦博士（Dr. José Adán Cueva，另一位科潘本地人）的邀请前往科潘，制订了一个由洪都拉斯政府出资的长久的研究和修复计划。在和宾夕法尼亚大学博物馆的罗伯特·J. 谢尔（Robert J. Sharer）、威廉姆·R. 科（William R. Coe）磋商之后，威利对科潘河谷内的王宫区以及科潘河谷上游低地的 4 个小区域进行了考古调查。他们这次调查的结果和对后续工作的建议都发表在洪都拉斯历史学与人类学研究所的所刊《雅什金》（*Yaxkin*）上。接着威利开始着手从国家科学基金会和鲍迪奇基金会获得资助更大的项目，以对整个河谷进行发掘和制图。

威利在科潘发起了一项现代的多学科合作研究——皮博迪博物馆科潘供给区项目。他试图在更大的社会和经济背景下理解那些公共纪念碑，并自下而上地重建玛雅社会。为了达成目的，威利与一位文化地理学家、一位河流地形学和土壤学家、一位地质学家和几位植物学家合作，由他们重建科潘地区的古代环境和农业历史，同时他和他的学生（包括我）通过遗址调查、转换制图和发掘工作重建古代的聚落布局。经过 3 年（1975—1977 年）的工作，我们在上述领域都取得了大幅进展，但是时局阻碍了威利继续成为洪都拉斯的资助项目的负责人。不管怎样，他所倡导的制图法、陶器类型学和他开创的居住建筑水平揭露法，都成为科潘河谷考古继续研究的基础。而且，他提出的多学科研究和整体性研究激励着现在和未来的所有学者。

关于科潘纪念碑的象形文字和图像学研究集中体现在 20 世纪 70 年代出版的两本著作中，即弗朗西斯·罗比赛克（Francis Robicsek）的《科潘：玛雅众神的故乡》（*Copán: Home of the Mayan Gods*）（1971）和乔伊斯·马库斯（Joyce Marcus）的《图徽和古典期玛雅低地的城邦》（*Emblem and State in the Classic Maya Lowlands*）（1976）。罗比赛克的书在当时是一部影响了科潘研究的阐述精深的综合性论著，其中包含了很多对玛雅王国的性质、大小及其历史发展进程的洞见。《图徽和古典期玛雅低地的城邦》是一部涉及面更广、更有决心的著作，它详细分析了整个南部玛雅低地的雕刻铭文。利用贝林对文字图徽的定义并结合中心地理论（Central Place Theory），马库斯提出了一种模型用以解释在公元 731 年蒂卡尔是控制南部玛雅低地的 4 个主要中心之一。她是从竖立 A 号石碑的日期推算的，因为石碑上的象形文字提到了科潘、蒂卡尔、卡拉克穆尔和帕伦克，它们与表示四至方向的文字符号和表述紧密关联，这暗示着它们即"4 处位于高地的城市"。这 4 个王国作为主要中心统治着二级中心、三级中心和乡村。

在 1977 年下半年，洪都拉斯政府支持的 PAC I 项目在科学研究所法国中心的克劳德·鲍德兹的指导下正式实施。在鲍德兹的任期内，取得的新的重要发现得益于在我的指导下完成了河谷内聚落分布的地图、在河谷内和王宫区大量试掘坑和试掘沟的发掘，还有继续进行的生态学研究和纪念碑艺术、铭文资料上最新的研究。秉持着谦虚和积极的期待，鲍德兹决定将以他主导的项目来编写的三卷大部头的原始研究资料仅仅称作——《洪都拉斯科潘考古引介》（*Introducción a la Arqueología de Copán, Honduras*）。

阿德安·奎瓦在 1980 年邀请宾夕法尼亚大学的威廉姆·桑德斯指导第二期，即 PAC II 项目（1980—1985 年）的工作。桑德斯的研究计划先要解决威利提出的几个问题，然后开展鲍德兹在第一期记录的重要工作，并思考几个新的问题。他首要的目标就是重建整个科潘水系流经的盆地内的人口规模和土地利用的历史。在对所有社会阶层（包括王室成员）使用的建筑的结构和功能进行集中研究以及对纪念碑文字、艺术和王宫区建筑进行分析之后，便得到了可以支撑起描述和解释科潘城邦经济和政治发展的基础。

不满足于此前对区域聚落系统的有限范围的调查（主要集中于科潘河谷），桑德斯和他的项目合作者大卫·韦伯斯特（同样也是宾夕法尼亚大学的）最终将调查范围扩大到 135 平方千米。他们制作分布图，接下来的发掘也框定了整个科潘地区和紧邻的水系范围内的土地利用与聚落分布的历史和范围，并由此获得了整个区域的文化地理学上的视野和景观。

同时，依照威利发展成熟的方法，在王宫区东边的居住区进行了非常多的大范围的发掘。做这些发掘是为了验证一系列关于科潘城市内的经济组织和社会等级的假说，其中威利和理查德·利文撒尔（Richard Leventhal，他的学生之一）就认为科潘存在 4 个等级的聚落，它们分别代表了古代科潘社会的不同社会经济等级。在萨普杜拉斯的发掘获得了丰富的信息并充满惊喜。建筑物随后也由卡洛斯·鲁迪·拉里奥斯·维拉尔塔（Carlos Rudy Larios Villalta）修复好，使其成为科潘考古遗址公园非常好的一部分。（事实上，科潘是仅存的古典期居住建筑得到完善修复和面向公共开放的遗址，这恰好也是对威利和桑德斯研究方法和兴趣的最好证明。）

桑德斯的学生们还开展过一些具体的研究项目，他们做了补充性的调查和发掘，包括：通过人骨遗存分析古代人口、营养和疾病的研究；通过孢粉提取和分析重建植被和农业历史的研究；关于工程建设中劳动力投入的分析；土壤和土壤用途的研究；磨制石器的生产和功能研究；基于建筑尺寸、布局和与之相关的遗存及艺术品对建筑功能的研究；基于对附属于一处较大型的居住址的可能是或源于外来人群的异质性的"飞地"的发掘来分析族群性；对发生在居住区内不同型式的建筑中室内活动的分析；分析石器加工作坊的碎片，以及河谷内石器的用途和废弃方式；河谷内聚落的测年和毁弃过程的分析。桑德斯本人则主导了一项现代土地利用方式、收获方式、每公顷产量和居住址的研究。这些重要研究使得科潘考古成果遥遥领先于此前在任何一处玛雅遗址可能做出的成果。

参加过 PAC I 项目的专业人员也被邀请参与到桑德斯的项目中。克劳德·鲍德兹继续他关于科潘纪念碑图像学的研究，同时监管项目内摄影师和艺术家对雕塑的记录。他的同事伯特霍德·里斯（Berthold Riese）继续他对象形文字的调查和记录。雷内·维埃尔（Rene Viel）继续作为项目内的陶器专家，完成了对科潘河谷陶器序列的研究。我也加入了桑德斯的项目，并继续指导从 PAC I 项目就开始的对 9N-8 号建筑院落的发掘，它被证实是河谷内使用时间最长的建筑，而我后来也承担了科潘遗址的马赛克雕塑复原计划。

桑德斯项目最激动人心的发掘可能是 9N-8 号建筑 A 号院落——调查发现的一处最大的居住遗址。在发掘的第一个月，大卫·韦伯斯特和埃利奥特·阿布兰姆斯（Elliot Abrams）就在 9N-82 号建筑内揭露了一处精美的象形文字石榻（或宝座），其年代属于科潘最后一任国王的统治时期。韦伯斯特和阿布兰姆斯在 1980—1981 年发掘了 9N-82 号建筑的三面结构，我在 1982 年发掘了第四个面。基于对坍塌碎块位置的详细记录，我们才有可能复原这些马赛克雕塑面是怎样从建筑四边的原来位置上倒塌下来的。雕塑的拼合是由芭芭拉·费什和我完成的，而整个建筑的复原图是我们和鲁迪·拉里奥斯一起合作完成的，这使我们都相信复原（至少是典型的）科潘马赛克石雕

9N-8 号建筑，一处位于拉斯萨普杜拉斯的类型 4 的居址，由鲁迪·拉里奥斯在 PAC II 项目修复。生活于此的贵族家庭的族长居住在位于图中远端的大型精美建筑中（9N-82 号建筑）。尽管目前为了保护屋内的象形文字石榻将它用茅草屋顶覆盖，但是它完全是按照原来的状态用砖石建造复原的，并使用了其他雕塑装饰如今已经倒塌的上半部分

塑墙面的形式和内容事实上是可以实现的。

因此，在 1985 年，桑德斯的项目内一项意料之外的内容是科潘马赛克石雕计划的成形。这项工作最初是复原了一座建筑的马赛克石雕塑墙面，然后它激发了我们浓厚的兴趣去对河谷内以及王宫区废墟的数量众多的建筑的石雕塑墙面进行科学的调查和复原研究。正如 9N-82 号建筑为人熟知一样，我们在"四神之屋"（House of the Bacabs）的经验强化了对长期被忽略和经常遭到严重侵蚀的散落在王宫区内的雕塑碎片进行保护的需要。

桑德斯的项目的目标是保护、记录、拼接、分析、复原和解释原本凸起的装饰在科潘河谷内的大量古典期晚期的石构建筑上的马赛克石雕面的成千上万块碎片。其研究的核心是王室阶层如何运用意识形态为其权力合法性正名并维护其统治、贯彻其思想以及管理贯穿整个王国统治周期的下层人民。因此，本项目尤其关注公共艺术和相关仪式的第一手证据，和体现一个区域性政治基础得以巩固的公元 5 世纪的纪念碑，以及回答一系列在政治上和最终在经济上加速导致科潘城市崩溃的阻力。但是，在过于涉及"大图景"的讨论之前，重建科潘神庙的巨大任务也同等重要。为此目标设计的方法被证明收效明显，而且"科潘马赛克计划"在实施范围上也得以扩大。该项目如今合并到洪都拉斯政府资助的、由我指导的"科潘卫城考古计划"之中。

对现在和未来的从事科潘及其他遗址研究的玛雅学者来说，最大的挑战是在更大的构成了古典期不同王朝的繁荣和衰败的社会与经济的背景下，解释公共纪念碑和它们通常在政治上和宗教上的明确主题。

（P60）9N–82 号建筑北面石墙西侧门楣上的人物，为了重新安装掉落的马赛克雕塑碎片，将它放在一个大型沙盘中拼接复原。该人物坐在一个书写体系里的字符上，这个字符读作"na"或者"房子"

第 4 章　玛雅河谷的前古典期到古典期

中美洲的前古典期

在中美洲，前古典期（公元前 2000—250 年）最初是指推动了伟大的古典期不同文明繁荣的那些文化所在的一个时间段，也包括古典期玛雅。事实上，研究表明，前古典期在中美洲的文明史上是最为重要的一个时期。这个观点在最近关于奥尔梅克人（Olmecs）和他们同时代的中美洲人群的文献中被多次讨论，当代的著述包括大卫·格洛夫（David Grove）1984 年的著作——《查尔卡金戈》（*Chalcatzingo*）。在前古典期，所有为适应文明的、城市生活的基础在中美洲都得到了发展：适应不同生态环境的集约型农业；互动和交换的延伸网络；为物品、信息的分配产生的权力的等级化组织；围绕中心城市（仪式或政治组织的中心）的附属人口的集群现象；作为整个文化体系关键的足以支撑王权制度化的意识形态的成熟。因此，许多学者用"形成期"指代这个时期。

探寻科潘前古典期

在科潘遗址的研究包括一个试掘坑项目，从 1976 年开始，已经试掘了超过 1000 处试掘坑。对测年数据的分析显示，科潘河谷最初有定居农民生活发生在公元前两千纪的后 500 年，从公元 7 世纪到 10 世纪随着人口的高度集中定居规模达到顶峰，而河谷内的聚落最晚到公元 1200 年才可能最终废弃。这里呈现的大部分关于前古典期的内容来自我在 1978 年、1981 年和 1983 年对 9N-8 号建筑的调查。

为了寻找河谷内居住和土地利用历史的证据，我在 PAC I 的试掘项目里采用了多种采样方法，目的是客观地了解能够准确反映随着时间推移河谷内不同地形区人类生活和土地利用出现及其强度的信息。

为实现这一目标，我们随机但系统地采用两种不同区域或单元尺寸（grain sizes），在不相邻地区的层位里采样。也就是说，我们从包含不同地形区的带方格坐标的地图上选取调查区域：冲积平原；低的河流阶地、高的河流阶地和山丘；较高的山坡。在决定了想调查的每一种地形区的地表面积的所占比例之后，我们在实际选择调查区域时采用随机数的方式，这样就可以避免调查区紧挨着或排列在一起时可能偏离客观的结果。两种不同的调查单元尺寸包括 52 米 ×52 米（针对很可能或实际存在重度使用证据的地区）和 500 米 ×500 米（针对陡峭的和有重度使用证据的可能性较小的坡地）。我们很快意识到随机抽样可以保证方法客观，但这也迫使我们离开了很多没有调查但存在长期和可能不间断使用的并保留了全面证据的遗址点，即非常大的建筑群（为人熟知的"类型 3 和类型 4"）。基于这个前提，我们有意识地补充了随机调查样本，即那些客观存在于河谷内的大型建筑群，这样是为了在时间和资源允许的情况下获得一幅完整的居住史图景。

这幅图景最初呈现的是整个河谷内最早的人群居住在科潘谷地最低处的肥沃的冲积土壤上，他们在那里以农业为生，建造的主要还是易损毁的房屋。尽管目前的迹象都显示大多数人群都生活在冲积形成的地势较低处，但早期陶器也在山麓地带被找到，这表明这一地区也被使用和居住过，只是使用程度较低而已。许多属于前古典期中期（在科潘遗址是典型的"乌尔陶器阶段"，即公元前900—前400年）的有趣的和长期使用的遗存在河谷低地被发现。不管怎样，除了戈登发现的前古典期中期的洞穴里有少数几人埋葬的证据之外（见下文），没有迹象显示前古典期中期在山麓地带存在大规模的、持续的或集中的利用情况，更别说较高的山坡，那里至今也没有任何发现。

在河谷低地发掘一座前古典期中期的重要建筑的过程中，另一项更早的居住证据也被找到。1978年，我们决定在距离王宫区东部600米处的最大的建筑单元之一的广场地带试掘一些探坑。（最开始威利和利文撒尔编号为CV36的建筑群就是现在的9N-8号建筑。）这个遗址由50个围绕11个院子的建筑组成，有些建筑在未发掘之前有将近5米高。台基的数量和尺寸，以及居于遗址中心的最大的一群建筑顶部有一处大型的人工平台，使我们有理由推断这处遗址有长期居住的历史。我们的努力在试掘中心的A号院落时得到了回报，开阔的庭院被该遗址最为壮观的一组建筑环抱。

在庭院表面2米以下，发现了几个埋人的墓葬，其中2个墓中出土了和1893年戈登在科潘洞穴里发现的属于前古典期中期的陶器相同的陶器组合。在一个陶器上发现的刻画纹和彩绘图案含有"火焰眉毛"这一常见于前古典早中期陶器上的装饰母题，这还关系到中美洲复杂的信仰和社会最开始的萌发。很明显，墓葬向各个方向延伸，这表明遗存范围很大。在墓葬的地面以上是包含了古典期早、中、晚三个阶段的鹅卵石建筑基础和地面，这暗示着这个遗址的使用具有一个漫长和完整的周期。当时我们所不知道的是，在大约10米远的地方还有更早阶段的遗存。而当我们在1981年开始大规模地揭露广场，并向北调查墓葬的延伸范围时，我们找到了科潘遗址至今最早的房址。

在A号院落的南端地面4米以下发现了前古典期早期（相当于"拉约陶器阶段"，即公元前1300—前900年）的房址。它的大致范围有2.5米×4.0米，圆角、长方形，并且能轻易地通过炭灰、烧土、有机物残片及其屋内的人工制品与周边的贫瘠的土壤区分开来。炭灰和烧土表明这座房屋曾经常使用灶火。屋内的一个碳样经过校准之后的年代为公元前1390±60年。在这座房屋中，当时可能进行过室内家庭活动。在废弃

1978 年的航拍照片，东望萨普杜拉斯地区的东界（前景），以及科潘河以东及以南的滩地。在前景中可以看到 9N-8 号建筑较大的土丘在由 4 个最高的土丘围起来的开阔区域的中间位置，我曾对 A 号院落进行最初的试掘

对 A 号院落扩大范围的发掘，9N-8 号建筑在其南面。在图片的顶部可以看到 9N-82 号建筑以及它的象形文字石榻；图中显示的中间位置的探沟揭露了位于生土层上的最早一期居住遗迹

物品中发现了（制作玉米粉的）磨光石器的断块，一组用于炊煮和盛放的陶器，用于砍、削的燧石和黑曜石工具，食用的哺乳动物残骨，以及可能作为儿童玩具或献祭物品的人形塑像。在 A 号院落其他部位的发掘做到同一个层面，没有发现同时期的建筑或活动空间的证据。直到整个 A 号院落被整体发掘到生土层，关于这座早期建筑是单独存在还是周边有其他建筑，我们也仅仅只能加以推测。

正如雷内·维埃尔分析陶器的结果，太平洋海岸和科潘以西及以南，与萨尔瓦多、危地马拉甚至是墨西哥的恰帕斯相邻的高地存在着密切联系。维埃尔认为居住在河谷的最早一群人的祖先是生活在高地或沿海的说玛雅语的人群。而对于其他学者提出的奥尔梅克文化的韦拉克鲁斯 – 塔巴斯科人群（Veracruz–Tabasco）和那些与恰帕斯、危地马拉南部相邻地区的且年代属于前古典期早中期的，比如说米歇 – 丘克（Mixe–Zoque）语的人群，这些可能性我们也必须加以考虑。总之，最早的科潘人不可能是在玛雅低地中部或核心南部区的最早的村庄里，比如蒂卡尔、乌夏克吞（Uaxactun）、塞巴尔（Seibal）甚或是伯利兹库罗遗址的古代遗存代表的同一批人。从一开始，科潘就在地理上、经济上，某种程度上也在文化上，和玛雅低地的遗址都明显不同，其在很多方面，高地特征远大于低地属性。

在这座前古典期早期的房址废弃之后，这个遗址显然也遭到废弃，因为河流带来的泥沙在它上面覆盖了 50 厘米厚，而且在这层泥沙中并没有发现任何人工制品。（坦白地说，令人奇怪的是这座易损毁房屋的破碎遗存没有被冲走。但转念一想，又有多少位于冲积平原上的遗址能在科潘河谷的不同历史节点上逃离同样的命运呢。）

9N–8 号建筑的奥尔梅克式平面

许多年以后，我们在科潘遗址发现的第一座石质建筑就坐落在 A 号院落南端那座前古典期早期的房址之上，并且正好对着那座房址的一个侧面。这座石质建筑有一个大约南北长 13 米、东西宽 6 米的鹅卵石平台，两层台阶只保留了 35 厘米的高度。没过多久，在最早的建筑的正北面修建了另一个大小差不多的平台。这些平台原始高度会更高，而上面很可能还建有易损坏的建筑结构。不幸的是，接下来生活在这里的古典期早期的居民彻底破坏了这两个前古典期中期的平台的上半部分。不管怎样，保存下来的底部基础使我们能够得出一些关于建筑年代和功能方面的部分可靠的结论。

在两个平台的地面下都发现了成组的墓葬，出土的乌尔期陶器与戈登在洞穴墓葬里发现的一样。不同寻常的瓶子样式和精美刻画的丧葬陶器被认为是乌尔期陶器的一个专门的亚型，很显然其也只用于墓葬之中。这个亚型的器物组以其最初的发现者乔治·戈登命名，即戈登期陶器。墓葬都发现于同一高度，且都稍稍低于框定了两个平台外立面的第二层鹅卵石台阶。在中美洲，地面下埋葬是最常用的对待死者的方式，而且这些墓葬出现较少暗示着这些石质平台是埋葬在此处的人群的居住场所。有一些最上部的墓葬经过明显的扰动，比如经历过二次堆积或二次葬，不过也有可能是古典期早期的人们在搬动平台上部结构的时候扰乱了长眠于此的人骨遗存。还有一些情形是，前古典期中期的居民收集起更早阶段的墓葬人骨是为了给新的墓葬腾空间。总之，在南边的平台发现了 15 座墓葬，而在北边的平台发现了至少 32 座墓葬。遗憾的是，作为平台填充物的泥沙是酸性高的土壤，人骨的保存情况比较差，这使得年龄、性别和人口数量的统计变得很困难。

在这两个有戈登期陶器的平台上发现的墓葬，在形制上存在很有趣的差别。一方面，在南边的平台，石棺呈线状排列，有一座墓的盖石在尸体放进墓穴中后压在它上面，而在北边的平台，有一些石头和一座二次葬墓葬有关，但没有发现石棺或者盖石。另一方面，在北边平台的几座墓中发现了随葬玉器（在一座墓中发现有超过 300 颗穿孔玉珠和美洲豹爪的雕塑），但在南边的平台只发现了一座随葬玉器的墓。然而，两个平台的墓葬的陶器上都有复杂的刻画纹宗教图像，这说明居住在这些建筑中的人共享一些宗教上的信条。两者的差异可能归因于地位的差别，或者是两个平台的使用时间不同，或者两种原因都有。地层上的证据表明南边的平台是先修建的，但现在，我们也没有保险的方法估算它和北边平台的修建时间相差多少。

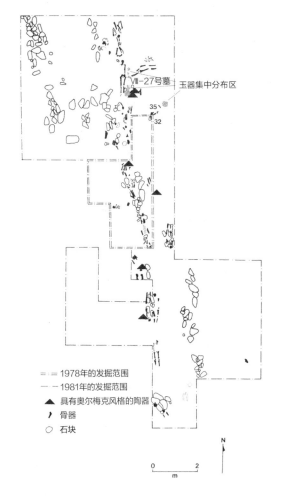

VIII—27号墓　玉器集中分布区

35
32

==：= 1978年的发掘范围
—— 1981年的发掘范围
▲ 具有奥尔梅克风格的陶器
∢ 骨器
○ 石块

N

0　　　　2
　　　m

（左）在 9N–8 号建筑的 A 号院落单元发现的戈登期陶器阶段的鹅卵石平台和居住面以下的墓葬平面图。图中还显示了Ⅷ –27 号墓葬在北边平台上的位置

（右上）9N–8 号建筑戈登期陶器阶段的墓葬中出土的一个刻有凹槽的瓶子，这种样式的瓶子在中美洲（玛雅）前古典早中期的器物组合中是一个典型器。高约 20 厘米

　　研究中美洲前古典期的专家们对早期墓葬中雕刻图案的陶器和玉器随葬品有极大的兴趣。大卫·格洛夫和迈克尔·科（Michael Coe）都认为这些是在新大陆迄今发现最早的制作精良的翡翠制品。墓葬中出土的陶器更引人入胜，包含了在这个封闭的河谷内最早发展起来的复杂文化体用来表达宗教观的器物，它们与在墨西哥韦拉克鲁斯和塔巴斯科海岸的奥尔梅克"核心区"相距遥远。陶器图像包含了"火焰眉毛"的鳄鱼神、两种变体的"翅形手"的母题和格洛夫认定的鲨鱼形象。"翅形手"和鲨鱼形象在戈登发现的科潘洞穴里的两件陶器上也有表现。

对这些宗教图像的一种解释是，它们代表了不同世系的守护神。例如在瓦哈卡（Oaxaca）河谷，"火焰眉毛"的母题几乎都在某些人类活动遗迹中被发现，而"翅形手"的母题几乎都在遗址中的墓葬区被发现。这种解释所指的是不同世系的人群拥有不可改变的守护神，而雕刻有这些守护神图像的陶器被放置在备受尊崇的祖先的墓中。该解释非常出彩，也可以用于解释科潘的石头垒砌的平台，因为"火焰眉毛"图像的陶器只在北边平台上被发现，而"翅形手"图像的陶器只发现于南边平台。这是否意味着居住在两个平台上的相互通婚的人群，用陶器作为世系之间的纽带和忠诚于各

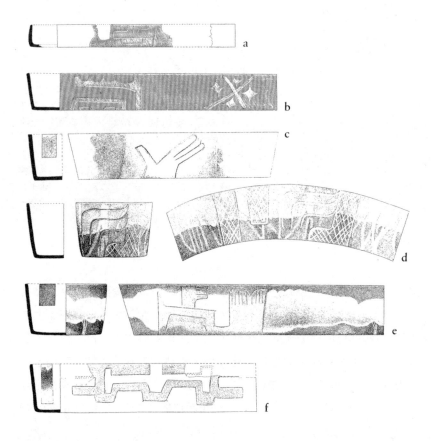

9N-8号建筑戈登期陶器阶段的墓葬中出土陶器的纹样：a和b是"火焰眉毛"母题；c和d是"翅形手"母题；e为鲨鱼母题；f是蛇母题

9N-8 号建筑中的 A 号院落单元的戈登期陶器阶段的墓葬。Ⅷ-27 号墓葬的左侧，集中随葬了玉珠、石斧以及象征美洲豹爪的雕塑等

自宗教的证明呢？尽管这是对所见到的器物令人信服的解释，但我们必须为其他解释敞开自由之门，特别是因为时间早晚而产生差异的可能性——如果假定一个平台早于另一个平台兴建呢？

北边平台的Ⅷ-27 号墓中随葬的陶器和玉器代表了玛雅地区早期社会前所未有的财富的献祭。墓中出土了 4 件陶器、9 件磨光石斧和超过 300 颗穿孔玉珠。这么多高度磨光的玉器耗费的工时与人力令人惊叹。玉器比钢铁还硬，古代中美洲先民切割、塑形以及磨制、抛光的工具就只有麻绳、石钻头、水和沙子。美洲豹爪的雕塑也都是精雕细琢的。这些随葬给人留下了极深的印象。（今天这组随葬品被放置在科潘博物馆前古典期展柜的最中心位置。）

但是，随着更多的考古发现，关于这座墓还有许多未解之谜。在随葬品的一侧是一具被砍头的人骨，但另一侧放着另一个个体的腿骨。在玉器之下有两个小孩的头骨。这组丰富的随葬品可能是仪式献祭物品或是墓葬的神圣物品，也可能是陪伴一位社会地位显赫的成员进入他死后世界的装备，这座墓随后在埋葬其他人的过程中被破坏。

不管怎样，这类随葬品的出现以及一整套复杂的宗教信仰和陶器上雕刻的图像，已经显示出一个高于初级农业定居者的社会和经济结构。河谷里的早期定居者是不是因为处在与奥尔梅克商人或者太平洋沿岸和危地马拉高地的首领和贸易者的交流通道上而发展起来的呢？在这个问题上，我们只能推测为何如此复杂的文化在这里建立。更让人疑惑的还有代表了戈登期的社会为何没有快速和直接地发展出一个复杂而全面的社会经济体系这个问题。毕竟我们所期盼的是——假定科潘河谷拥有绝对"封闭"的环境，那么我们就能找到与外部人群联系和交流的清晰证据。但考古学的记录并不支持这种假设。

前古典期晚期到古典期的转向

除了洞穴中的墓葬和 9N–8 号建筑以外，在河谷中，1000 多座的试掘坑中仅有 1 座发现了戈登期的陶器组，并且没有发现前古典期中期（乌尔期）或前古典期晚期（以查比期陶器著称，公元前 400—100 年）的墓葬。原因很可能是我们取样的面积和分布位置漏掉了重要的聚落，特别是埋藏于现代科潘镇地下的很少有考古记录的遗址。哪怕是这样，我们的试掘坑所揭露的河谷内的聚落分布也因此能遥远相连。在前古典期中期河谷低地有几处聚落兴起和山前地带的土地开始利用之后到前古典期晚期，似乎既存在人口减少，又存在聚落紧密成团的现象。

很明显，在卫城南部和西部的区域有前古典期晚期的聚落，可能我们在卫城下面的发掘还能找到更多的证据延伸到上述区域。在科潘镇也发现了前古典期晚期的居址，但没有证据表明出现了大规模和组织完备的人群。科潘的情形反映出一种异常，因为前古典期晚期在大部分玛雅地区都是繁盛期，在南部和东部的非玛雅地区也是如此。在危地马拉高地的许多地区（特别明显的是在卡米纳胡尤遗址）都出现了象征复杂社会的令人赞叹的艺术品和建筑物，同样还包括太平洋山麓地带 [阿巴赫塔卡里克（Abaj Takalik）和埃尔巴乌尔（El Baúl）]，萨尔瓦多西部 [查尔丘阿帕和圣莱蒂西亚

（Santa Leticia）]，非玛雅文化的洪都拉斯中部地区 [亚鲁梅拉（Yarumela）和洛斯纳兰诺斯]，当然还有玛雅的南部地区，那里的艾勒米拉多尔、纳克比、乌夏克吞、塞罗斯、拉曼奈（Lamanai）、科温利奇和其他遗址都涌现出用石灰表现的有复杂宗教图像的大型纪念碑建筑。

至于科潘在这一时期为何停留在低水平的社会发展程度，是一个开放的而且没有解决的问题。边界理论认为科潘河谷处在一个小的封闭空间，并且理想条件的农业土地资源十分有限，这理应为它在前古典期晚期时出现复杂的文化创造理想条件，特别是在前古典中期的墓葬中发现了足以体现复杂宗教和社会等级发展的证据。同样地，交互论假设处于同一社会文化发展水平的社会之间通过相互联系会刺激它们向更具等级化的机构演进并具有复杂文化的物质形态，按此理论也能说明科潘理应进入到和它相邻的东部、南部、西部和西北部中心一样的迅速发展进程中。这一异常说明对于理论模型的运用还需要灵活处理，同时要谨慎看待我们预测人类历史进程的能力，甚至是在一个或一套特定理论的"必要条件"都已经充分满足的情况下。

从公元 100 年开始，另一个依据陶器的分期——比加克期在科潘河谷被确认。在查比期能看到很多延续了乌苏卢坦风格的陶器，但到了比加克期出现了乳钉状的四足碗。很多其他类型的陶器和盘开始出现，还包括最早的彩陶。对陶器的比较研究显示了科潘在经济上连接南部、西部山地和山麓地区的纽带作用，但它没有与西北方向的玛雅低地产生联系，这再次证明了科潘在地理和文化环境上都有别于它在低地地区的同伴。但它的人口数量呈现出上升的趋势，因为在河谷内不止一处地点的试掘坑内发现了比加克期的陶器，并且在王宫区内的冲积低地上也发现了相当多的陶器。在这一时期，我们在不同的地点又一次发现了永久性的石质建筑。

在 9N-8 号建筑，比加克期生活于此的人修建了一座南北长约 50 米、东西宽约12 米的用鹅卵石铺垫的大型平台。这座平台直接修建在前古典期中期的平台之上，它的修筑者可能利用了更早建筑的上半部分用来填充和作为外立面的石头。比加克期的平台在稍晚阶段在东部外立面石墙的外侧扩建出去，中间填充了 1 米厚的红色泥沙层，整个平台增高了近 40 厘米。在这座建筑居住面以下发现了两座出土比加克期陶器的

在 9N–8 号建筑的 A 号院落单元发现的比加克期的鹅卵石平台的两个石立面（北偏西北方向）。一座建筑的墙叠压在最后一期平台的顶部，墙体延伸到了更早时期石头平台的外立面

墓葬：一座成人墓在早期平台下，另一座儿童墓在较晚期的平台下。在填土中发现了破碎的比加克期陶片，这就更能证实两个平台修建和使用的年代不存在疑问。在稍晚的时候，比加克期的平台被埋在地下之后，一堵建造在平台之上的附属于某一建筑的鹅卵石墙被幸运地保留下来，这是除了石基平台之外，9N–8 号建筑比加克期的人群使用石材而不是易腐朽的材料建造房屋地面部分的又一证据。两座墓葬中出土的陶器显示了墓主人对于死后世界的关注，当然这也可以通过制作精美的器物体现出来：一件精致的底部有凸沿的彩陶碗和成人放在一起；而儿童身旁是三件较小但明显用于献祭的陶器。然而，两座墓葬中都没有发现玉器，因此我们也不能将逝者看成是地位等级较高的人。

在查尔莱斯·齐克（Charles Cheek）调查埋藏在王宫区大广场下的遗存时，他发现了属于比加克期的最后 100 年的 4 组建筑。这些建筑的尺寸、布局、石灰层地面、装饰

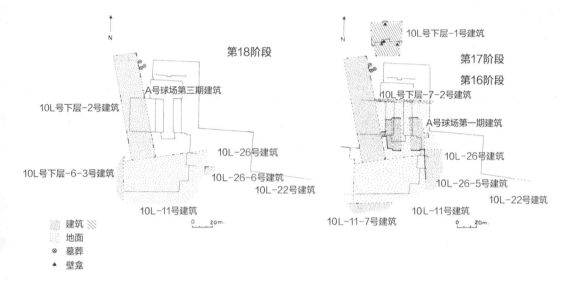

建筑年代为齐克期第 16 ～ 18 阶段（相当于比加克期的末期，约公元前 400 年）的王宫区大广场 / 象形文字台阶金字塔广场的平面图。

的石墙外立面和祭品都表明它们的使用者比同时期 9N–8 号建筑的主人具有更高的社会地位。同样地，第四期编号第 123 次发掘（Operation Ⅳ /123）发现了大广场以西 200米的同属于比加克期的有石灰面、外部装饰面的建筑，表明紧邻王宫区甚至可能构成其一部分的建筑的使用者也比相对位置更远、更低调的 9N–8 号建筑的主人要富裕。

　　在大广场的 10L 号下层 –2 号建筑发现的献祭品中，包含一件几乎和在卡米纳胡尤发现的一模一样的人形陶壶，这更说明了科潘河和危地马拉高地之间的持续联系。这座建筑南北长 85 米、东西宽 18 米，在当时，比河谷内的任何建筑都要大。在它周边，还有两座同属于齐克划分的第 18 阶段的建筑，一座叠压在 10L–26 号建筑下，另一座在 10L–6 号建筑下，并且明显构成了发展成王宫区之前的建筑核心。不久以后，在这里建造起第一座 A 号球场，表明追求仪式变成正在形成中的科潘贵族阶层的主要兴趣。直到齐克划分的第 15 阶段（约公元 400 年），至少有 7 座建筑在王宫区的大广场或象形文字台阶广场区域出现。罗伯特·谢尔在东庭院调查考古大剖面和打隧道的发掘显示出，在这一时期，卫城的这个区域也存在一些纪念碑性的建筑。

目前，在比加克期晚期没有发现雕刻的象形文字铭文。但是，我们应该注意到属于查比或比加克期的两件"罐腹形状"的雕塑正好埋在科潘第4、5号石碑（在古典期晚期竖立的）之下，这表明雕刻塑像确实在前古典期晚期或古典期早期的科潘就出现了，并且4号石碑上的铭文和我引述的发生在公元159年的事件都与科潘作为王国的建立有关。总之，考古学的记录的确能证实人口的增长，同时人群的分化已经开始，这使得一部分人的社会身份区别于他们的同时代者。

古典期的中期

在接下来的古典期中期（在科潘以阿克比陶器期而著名，公元400—700年），科潘河谷出现了真正的具有重大意义的社会分化。无独有偶，也是在这一时期，河谷里的人口规模和分布范围显著扩大。正如我们在9N-8号建筑以及王宫区做的大范围的剖面发掘，所有的试掘都能确认这一点。发掘所揭露的陶器、遗迹、建筑和墓葬从比加克期到阿克比期差不多增加了一倍。

大多数人似乎都愿意在王宫区两侧的低地定居。为了在如此小的范围内安顿众多的人口，社会不得不发生一些变化，这使得信息、物品和服务和缓地向社会顶层的个人转移。事实上，正是他们中每个相同的个体最先努力促成了聚合的发生、物品和服务的多样化，以及权力等级的产生。这一直都是地球上每个地方社会经济"进化"的本质。无论是由于竞争的刺激，还是联合带来的利益，或者两者都有，遍及世界的人类社会发展出团体组织的最核心目的就是积累和维持权力。

在人类历史上，没有一个社会能脱离一系列主张正义和合法化的观念和信仰而发生剧烈和持久的社会变化，如果没有强烈的需要，社会转型就不会发生。意识形态在许多有记载的案例里都是扩张主义国家形成的背后驱动力。对于古代玛雅而言，当地精英通过一种能使他们的特权地位在宇宙神学里具体化的宗教程式和有技巧的实施开始超越他们的同伴。后者的证据源于自然界的形式和宗教艺术最早的公开展示。在玛雅低地，已知最早的（前古典期晚期）宗教艺术包括装饰大型金字塔建筑的神像，而不是古典期固有的为表达肖像和作为个人历史证明而竖立的纪念碑。建筑物本身和装饰它们的图像，把社会中的统治者投射到一个更大的超自然情景中，在此情景中，他们主持仪式并为支持他们维持统治地位的人们谋求福利。按照琳达·席勒（Linda Schele）和大卫·弗雷德尔（David Freidel）的话来说，最早的玛雅神庙和它们呈现的艺术都是为重要公共仪式的表演而存在的"舞台"，目的是形成社会的聚合力并合法化肩负着统治机构的责任（和拥有特权）的阶层日益提高的地位。直到几个世纪以后，对公共艺术的强调从神圣场景（统治者在建筑内主持仪式）向统治者个人（他们的自画像）转型。

传统观点认为，居住在科潘河谷的人直到公元5世纪早期引入石碑作为时尚和采用与之相关的象形文字书写系统才变成了"玛雅人"。也是直到最近，学者们例如莫利和朗伊尔认为在24号石碑上出现的首个令人信服的长历法纪年（9.2.10.0.0，或公元485年）表示的是玛雅精英阶层从南部的佩滕低地入侵科潘河谷并在当地的非玛雅居民中建立起统治权力。这个理论假定存在大规模的古典期玛雅文明的输入，当时正好发展出在刻写的石碑上证明自我的个体崇拜的热潮。然而，我们在河谷最新的调查成果和对王宫区内更早阶段的公共建筑的发掘迫使我们修改此观点。更为合理的解释是，科潘是在当地发展起来的并存在一个更早的文明源头，而不是在公元485年前后借鉴了低地玛雅文明。

从比加克期的末段到阿克比期，即公元300—450年期间——科潘社会的统治者开始修建具有地域变体的玛雅风格建筑。随着时间推移，他们的威望和与外部的联系增加，并且可以建造出有自己风格的雕刻纪念碑，这些可能发生在他们第一次修建大规模的公共建筑的一个世纪以后。目前的证据是，修建这些纪念碑的人是在科潘河谷生活了超过1000年的居民的后代，同时这也显示了他们与危地马拉太平洋沿岸的山麓和高地以及南部、东部非玛雅文化区之间都存在最紧密的贸易交往。我们也不应该忘记大部分最早的象形文字都发现于太平洋沿岸的山麓地带，诸如阿巴赫塔卡里克和埃尔巴乌尔遗址；科潘人没有必要非得从佩滕地区学习如何在纪念碑上雕写。雕刻长历法和王室塑像在广泛地出现在南部低地之前就已经在高地和太平洋沿岸流行了 3 个世纪。因此，可以谨慎地认为早期科潘王国和它的公共展示方式可被看成是长期存在的高地传统（科潘自己建立的）和零星的低地传统输入融合的结果。

随着阿克比期的开始，科潘已具备了定义"古典期"玛雅文明的文化特征：纪念碑建筑、包含了长历法日期并雕刻了象形文字的石碑、精美的彩陶器，以及社会由宗教或半宗教的统治者管理。在古典期中期的末段，估算科潘的人口有 8000 ～ 12000 人，它也成为主要的皇室 – 礼仪性城市的代表之一。然而，在古典期中期的开始阶段，人口至多只有一半的发展规模。因此，桑德斯和许多专家反对称最早的科潘统治者为"国王"。他们只是统治了一个正在聚合的、人口在增长的，并刚刚开始按照等级建立它的社会秩序的社会。从这个角度看，在科潘存在历史记载（公元 435—635 年）的前半段，更准确的应该是将它视为一个邦国而非王国。那么现在就让我们进入这个在科潘历史上的重要时刻。

第5章　走向国家之路

政治演进和玛雅的案例

人类学家从两个层面对人类文化进行研究：从自身角度对一个特定社会进行记录和分析；为了探求人类行为的"共性"而将特定社会与其他社会进行比较和跨文化研究。为了实现跨文化分析的目的，人类社会发展到一定层次或阶段的组织被定义成一个具有启发性的对象，用以在具有相似经济发展程度和社会—政治复杂性的社会之间进行比较。因此这些层次和阶段随着时间也经历了相当大的变化：从19世纪英国社会学家赫伯特·斯宾塞（Herbert Spencer）的三阶段论（野蛮、愚昧、文明），到路易斯·亨利·摩尔根（Lewis Henry Morgan，美国人类学的奠基人）的七阶段论，再到最近由莫顿·弗雷德（Morton Fried）和埃尔曼·塞维斯（Elman Service）提出的更多阶段。一些当代考古学家发现，塞维斯的模型——游团、部落、酋邦、国家——是最容易从古代社会的物质遗存出发对过去的社会进行重建的方式之一。当然，也存在大量的争论，比如怎么准确界定这些社会发展程度，但在对社会—政治演进的跨文化分析中，这些阶段作为可以讨论的参数还是很有作用的。

出于研究的需要，我们在此处将"王国"定义为一个至少有两级社会—经济层级的社会，它由一位有责任调解争端并能够重新分配社会资源给民众的国王统治，这样的社会作为一个整体可以繁盛，通常有父传子继承的制度。我们认为达到"国家"级别的社会都有：超过 10000 人的人口数量；一个中心地点供专职的统治阶层运作政府管理机构；四个层级的聚落（和管理）等级及相应的对物品、劳役和信息再分配的等级制；如果不能维持一支长期存在的军队，则享有对使用武力的垄断权；一个政治性组织，包括全部或部分从亲属纽带关系中分化出的权力机构。

在科潘的研究个案中，我们拥有文献材料和大量考古学数据方面的优势来分析关于社会的人口规模及构成，利用这一点，可以通过图表表示出科潘发展成更大、更等级化王国的发展之路。在我看来，科潘城市史的前半段见证了重要机构的发展和社会变化，这促成了人口的增长和聚集、权力的集中，科潘也由此迈向一个国家。

科潘王国的崛起

在上一章中已经谈到从比加克期转变到阿克比期（约公元 400 年），科潘社会发生了很多重大变化，这些变化足以证实公元 5 世纪时的科潘俨然成为一个王国。9N–8 号建筑和王宫区的证据都表明科潘社会形成了两个不同社会—经济层级的结构。贵族们居住在有石灰铺垫面、外墙有石雕并且和王宫区精美装饰过的公共建筑临近的房子里，他们也有权使用质地精良的进口的陶器和贝器。9N–8 号建筑和河谷里其他遗址的非贵族们居住在距离王宫区较远的带有鹅卵石基础的房子里，并只随葬了比较普通的陶器祭品。同样地，早期象形铭文的纪念碑上，还有作为公共建筑的最早期的球场（公元 4 世纪后半叶）以及埋葬在 10L–26 号建筑和卫城东庭院之下的相关建筑上都能看出制度化统治（或国家机关）的清楚的证据。尽管截止到目前的多次大规模发掘并不能帮我们论证由统治者主导的社会资源再分配的时间和方式，但精美的建筑和记录统治者成就的文献材料无疑也说明分配权是阿克比期早期的统治者手中众多的权力之一。象形文字的证据提到科潘第 3、4 王控制了基里瓜（可能还有莫塔瓜河下游河谷的玉器资源，见下文），显示他们控制资源和再分配的权力远远超过了科潘河谷的限制。

至于在最初的科潘王国是否存在制度化的长子继承权，或国家机构的统治者或"头领"（16 世纪尤卡坦的玛雅人称呼为"halach uinic"或"true man"）自动地传位给儿子，就不得而知了。在古典期晚期的记载中，几处不同遗址的统治者都以可鉴别的血统声称自己是之前的统治者的儿子。然而，也有一些其他统治者——包括一些科潘的国王并没有在象形文字中将他们的世系具体化。

在科潘，当我们试图在有记载的历史的最早阶段解决这类问题时会遇到加倍的困难：多数最早的雕刻铭文的纪念性石碑都已破损并被晚期的建筑废弃物填埋，这使得文字不仅难以找寻，而且在多数情况下其都是破碎和不完整的。目前，在现有的古典期中期的铭文资料中，我们还不能找齐在后来的纪念碑中提到的执政于公元 426 年到695 年之间的 12 位国王。

最近对 10L-26 号建筑的金字塔式台基进行隧道式发掘发现的一座纪念碑可以帮我们解决科潘王室世系的本质问题。63 号石碑和其他几座后来的科潘纪念碑，提供了大量的证据表明所有古典期中期和晚期的统治者都声称自己继承了极为重要的公元 5世纪齐尼奇·阿哈瓦·雅什·库克·莫（K'inich Ahau Yax K'uk Mo'，即雅什·库克·莫）统治的王朝。公元 7、8 世纪的象形文字记载提到了历史上的事和人，并且证实了那些雕刻在早期纪念碑上的所有已知记录的真实性。我们迄今在科潘还未发现大量站在后来的统治者的立场上"改写历史"的证据，这类事件经常在古代埃及相互竞争的王朝之间上演，还可以在墨西哥伊兹科特皇帝（Emperor Itzcoatl）统治的阿兹特克发现。我们对目前所知的关于科潘王朝的历史总结如下：

第 1 王：齐尼奇·雅什·库克·莫［马赫·奇纳·雅什·库克·莫（Mah K'ina Yax K'uk Mo'）］

上位和死亡日期不详

重要日期： 8.19.10.0.0 　　9 阿哈瓦（9Ahau） 　　3 穆万（3Muan） 　　426 年 2 月 1 日

　　　　　 8.19.10.10.17 　　5 卡波安（5Caban） 　　15 雅什金（15Yaxkin） 　　426 年 9 月 6 日

　　　　　 8.19.10.11.0 　　8 阿哈瓦（8Ahau） 　　18 雅什金（18Yaxkin） 　　426 年 9 月 9 日

| 8.19.11.0.13 | 5 伯恩（5Ben） | 11 穆万（11Muan） | 427 年 2 月 9 日 |
| 9.0.0.0.0 | 8 阿哈瓦（8Ahau） | 14 塞赫（13Ceh） | 435 年 12 月 11 日 |

Q 号祭坛上西侧面第二位

第 2 王

现在没有留下纪念碑，根据席勒和格鲁布（Grube）的观点，可能保留了 24 号石碑

Q 号祭坛上西侧面第一位

第 3 王：麦特·海德

上位和死亡日期不详

纪念碑：63 号石碑；在基里瓜的 26 号纪念碑上提到

大概在位时间：9.0.10.0.0—9.2.10.0.0（公元 445—485 年）

Q 号祭坛上北侧面第四位

第 4 王：翠·依赫

上位和死亡日期不详

纪念碑：帕帕加约神庙（Papagayo Structure）的台阶；基里瓜的 26 号纪念碑

大概在位时间：9.2.10.0.0—9.3.0.0.0（公元 485—495 年）

Q 号祭坛上北侧面第三位

第 5、6 王

现在没有留下纪念碑

大概在位时间：9.3.0.0.0—9.3.5.0.0（公元 495—500 年）

Q 号祭坛上北侧面第二、一位

第 7 王：水莲花美洲豹

上位日期：9. ? . ? . ? . ?　13 许尔（13Xul）

重要日期：9.3.10.0.0	1 阿哈瓦（1Ahau）	8 马克（8Mac）	504 年 12 月 9 日
9.4.10.0.0	12 阿哈瓦（12Ahau）	8 摩尔（8Mol）	504 年 8 月 26 日
9.5.0.0.0	12 阿哈瓦（12Ahau）	18 泽科（18Zec）	534 年 7 月 5 日
9.5.10.0.0	10 阿哈瓦（10Ahau）	8 兹普（8Zip）	544 年 5 月 13 日

纪念碑：15 号石碑；E 号石碑；在卡拉科尔（Caracol）的 16 号石碑上提到

Q 号祭坛上东侧面第四位；象形文字台阶第 9 级第 55 块石雕

第 8 王

现在没有留下纪念碑

Q 号祭坛上东侧面第三位

第 9 王

上位日期：9.5.17.13.7　2 玛尼克（2Manik）　　0 穆万（0Muan）　　551 年 12 月 30 日？

Q 号祭坛上东侧面第二位；象形文字台阶第 18 级

第 10 王：月亮美洲豹

上位日期：9.5.19.3.0	8 阿哈瓦（8Ahau）	3 马克（3Mac）	553 年 5 月 26 日
死亡日期：9.7.4.17.4	10 克安（10Kan）	2 塞赫（2Ceh）	578 年 10 月 26 日

纪念碑：9 号石碑（9.6.10.0.0，564 年 1 月 29 日）；18 号石碑[①]；安特神庙（Ante Structure）；罗萨丽娜神庙

Q 号祭坛上东侧面第一位；象形文字台阶第 9 级

第 11 王：布兹·产

出生日期：9.6.9.4.6   7 基米（7Cimi）   19 沃（19Uo）   563 年 4 月 30 日

上位日期：9.7.4.17.4   8 拉玛特（8Lamat）   6 马克（6Mac）   578 年 12 月 19 日

死亡日期：9.9.14.16.9   3 穆鲁克（3Muluc） 22 克阿雅伯（22Kayab） 628 年 1 月 23 日

纪念碑：7 号石碑；P 号石碑；Y 号祭坛

Q 号祭坛上南侧面第四位；象形文字台阶第 8 级

第 12 王：烟雾·依米克·K 神（烟雾美洲豹）

上位日期：9.9.14.17.5   6 奇克察恩（6Chicchan） 18 克阿雅伯（18Kayab） 628 年 2 月 8 日

死亡日期：9.13.3.5.7   12 玛尼克（12Manik）   0 雅什金（0Yaxkin）   695 年 6 月 18 日

纪念碑：1 号、2 号、3 号、5 号、6 号、10 号、12 号、13 号、19 号石碑；I[②]、H'、I'、K 号祭坛；埃斯梅拉达神庙（Esmeralda Structure）？；在基里瓜的 L 号祭坛上提到

Q 号祭坛上南侧面第三位；象形文字台阶第 6 ～ 7 级

第 13 王：18 兔子［十八松鼠（"XVIII-Jog"）］

上位日期：9.13.3.6.8   7 拉玛特（7Lamat）   1 摩尔（1Mol）   695 年 7 月 9 日

死亡日期：9.15.6.14.6   6 基米（6Cimi）   4 泽科（4Zec）   738 年 5 月 3 日

纪念碑：A 号、B 号、C 号、D 号、F 号、H 号、J 号、4 号石碑；S 祭坛；10L-2 号、10L-4 号、

---

①   译者注：原文中无 18 号石碑，但因后文第 101 页提到第 10 王的雕像在 18 号石碑上也有，特补充进去。

②   译者注：原文中无 I 号祭坛，但因后文第 110 页提到第 12 王也奉献 I 号祭坛，特补充进去。

10L-9号、10L-10号（A号球场第三期）、10L-22号建筑以及10L-26号的第三座建筑？

Q号祭坛上南侧面第二位；象形文字台阶第30、38、58、61级

第14王: 烟雾猴子

上位日期：9.15.6.16.5　6奇克察恩（6Chicchan）　3雅什金（3Yaxkin）　738年6月11日

死亡日期：9.15.17.12.16　10克伯（10Cib）　4乌阿耶伯（4Uayeb）　749年2月4日

纪念碑：10L-22A号建筑［波波尔纳（Popol Na）］

Q号祭坛上南侧面第一位；象形文字台阶第39、40、41、43、54级

第15王: 烟雾贝壳［“烟雾松鼠”（“Smoke Squirrel”）］

上位日期：9.15.17.13.10　11欧克（11Oc）　13伯普（13Pop）　749年2月18日

纪念碑：M、N号石碑；象形文字台阶和10L-26号金字塔神庙

Q号祭坛上西侧面第四位；象形文字台阶第37、39、40级

第16王: 雅什·帕克［雅什·“地平线上的太阳”（Yax “Sun-at-Horizon”），“新日出”（“New Dawn”），“初晓”（“First Dawn”），“马德鲁盖达”（“Madrugada”）等］

上位日期：9.16.12.5.17　6卡波安（6Caban）　10摩尔（10Mol）　763年7月2日

死亡日期：约9.19.10.0.0　8阿哈瓦（8Ahau）　8许尔（8Xul）　820年5月6日

纪念碑：在世时立的8号石碑和死后立的11号石碑；G1号、G2号、G3号、D号、O号、Q号、R号、T号、U号、V号、Z号祭坛；10L-22A号建筑上雕刻的石块；10L-11号、10L-16号、10L-18号、10L-21A号建筑；大量石焚香器盖上的雕刻铭文和河谷里发现的其他文本，包括从10L-32号、9N-82号、CV-43A号建筑和W’号祭坛上发现的文字

Q号祭坛上西侧面第三位

最后声称继承王位者：乌·赛特·托克（U Cit Tok'）

假定上位日期：9.19.11.14.5　　　3 奇克察恩（3Chicchan）　3 沃（3Uo）　　822 年 2 月 10 日

纪念碑：L 号祭坛（乌·赛特·托克即南侧面左边的人像）

雅什·库克·莫：科潘王朝的建立者

我的学生乔尔·帕尔卡（Joel Palka）和理查德·威廉姆森（Richard Williamson）最近在埋葬于地下的帕帕加约神庙发现了科潘最早的雕刻了象形文字的 63 号石碑。63 号石碑中央的雕刻记录了玛雅长历法的日期 9.0.0.0.0　8 阿哈瓦 14 塞赫，该日期对应于公元 435 年 12 月 11 日。石碑已经破碎成三段，并埋在神庙内它原本竖立的地方。它的底部还保留在原地，表明这座纪念碑正对着神庙的房间内室的后墙，这和在附近的拉曼奈发现的同时期的 1 号石碑情况相似。地层上的证据显示这座神庙被连续使用，只是对球场和相邻的地面与神庙做了几次修缮，并且填土中发现的陶器类型表明了该神庙及其石碑的废弃和埋葬时间，这说明仪式性地"杀死"神庙和 63 号石碑差不多发生在兴建和竖立它们的 200 年之后。

雕刻在"最初序列"中的一个错误月历日期导致课题里的释读者认为引用 9.0.0.0.0 这个日期存在争议，他们认为这是书写者在计算时犯下的一个错误。这个假设得到证实，即 9.0.0.0.0 事件主角的儿子很明显是奉献这个石碑的人。在石碑的北面，这位儿子用自己的名字和可能表示"献祭"的这个动词相连接，动词后是"父亲的孩子"的符号，以及"齐尼克·雅什·库克·莫"这个名字。

雕刻这座纪念碑是一种纪念玛雅历法中又一个极重要的循环——伯克盾，或者说是大约 400 年（1 年 360 天）的周期完成的怀旧性的仪式。在此情景下，这个石碑记录了从当时那个年代开始的第 9 个伯克盾周期的结束，经过计算即公元前 3114 年的开始。这是一个特别重要的"周期节点"，类似于公元 2000 年对于西方文明一样：它是一个时间界标小结且反映了过去时期的成就和未来时期的挑战。这是玛雅低地在知识创造和艺术勃兴上的重要时期，对应于雕刻有长历法日期的纪念碑向佩滕中北部以外的地区传播的开端，要知道，佩滕是古典期玛雅文化传统的核心地区。

在科潘，很显然63号石碑纪念的事件尤为重要，以至于未来的几代国王都继续在他们的公共纪念碑上引述这件事情。对9.0.0.0.0这个日期或这个事件（"君权的展示"）或事件的主角（雅什·库克·莫）的引述出现在了第7王水莲花美洲豹奉献的15号石碑上，以及纪念第13王18兔子的J号石碑上。这个事件和事件的主角也同样出现在第16王雅什·帕克的记录了国王名单和权力传递合法性的Q号祭坛顶部的文字内容中。这些后来的记录都非常有用，因为和9.0.0.0.0这个日期联系在一起的动词恰好在63号石碑被故意破坏时在其底部被涂抹掉了。还有，当石碑在原地被发现时雅什·库克·莫的名字也刚好出现在石碑的底部，这毫无疑问地证实了他就是9.0.0.0.0这个日期的事件的主角。后来对于这个日期、事件和统治者的引述同样很重要，因为它们显示了后来的那些国王将它们视为王朝历史的基础。在课题的铭文专家眼里，这个事件被后来的统治者用以维护雅什·库克·莫是王朝的开创者。每一位继位的统治者都称自己为科潘第1王雅什·库克·莫的继承者，并且，第16王的Q号祭坛上描绘了第1王和后来的15位国王中的每一位都在继承的序列中。

地层上的证据清楚地显示了纪念性的63号石碑是与帕帕加约神庙的建造相关联的。神庙前部和两边的地上部分在它被埋葬时已经被摧毁，但是至少在一个世纪之后，神庙后部仍然保留了部分地上原有的石头立面。在这上面发现了用石灰翻模雕塑的一种不同寻常的图像且其贯穿于整个建筑的后部。这个图像是一只巨大的鳄鱼，具有完整的爬行动物般的腹部鳞片，从剖面上看头朝南尾巴朝北。鳄鱼用高浮雕模制并且内部的石头支座嵌入石灰里，使得其头部和肢体实际上凸出于墙体平面约40厘米。鳄鱼表现为漂浮于水流和石头的象征物之上，这说明古典期中期的科潘人共享了在更大范围的中美洲的观念，即大地的表面是一只巨型鳄鱼的背部，而鳄鱼漂浮在一个巨大的池塘里。当统治者在这幅图景之下举行仪式活动时，他就置身于一个玛雅世界的等比例模型中，在这里，他是不朽的、超自然的中心焦点。这个图像的构建表达了王国功能复杂性持续地增强和对于其他类型宗教仪式的追求，而其最终目的是巩固那些资助

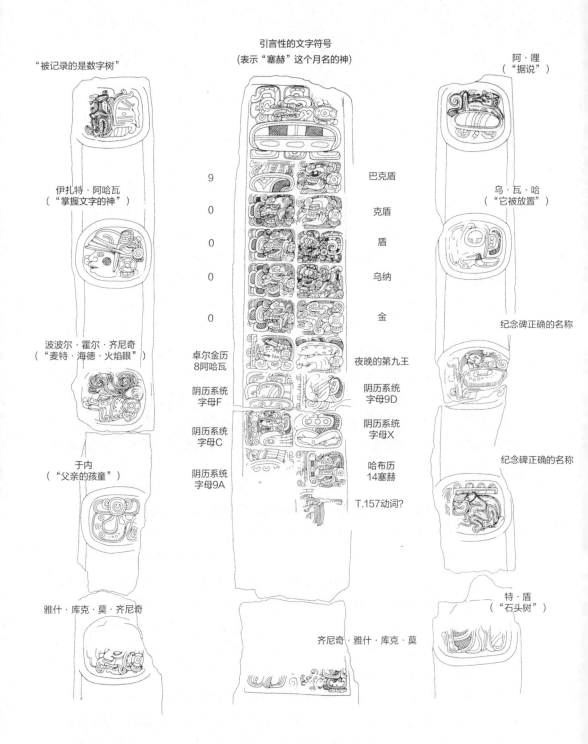

"被记录的是数字树"

伊扎特·阿哈瓦
（"掌握文字的神"）

波波尔·霍尔·齐尼奇
（"麦特·海德·火焰眼"）

于内
（"父亲的孩童"）

雅什·库克·莫·齐尼奇

引言性的文字符号
（表示"塞赫"这个月名的神）

9
0
0
0
0

卓尔金历
8阿哈瓦

阴历系统
字母F

阴历系统
字母C

阴历系统
字母9A

巴克盾

克盾

盾

乌纳

金

夜晚的第九王

阴历系统
字母9D

阴历系统
字母X

哈布历
14塞赫

T.157动词?

阿·哩
（"据说"）

乌·瓦·哈
（"它被放置"）

纪念碑正确的名称

纪念碑正确的名称

特·盾
（"石头树"）

齐尼奇·雅什·库克·莫

63号石碑

86

（上）埋葬在 10L-26 号金字塔形建筑基础以下的帕帕加约神庙的内部情况。右侧可见 63 号石碑的上部，夹在建筑的前后墙之间。这块石碑最初被竖立在象形文字台阶背后、神庙的后面

（下）在帕帕加约神庙中发现的 63 号石碑的上半部分。铭文上刻有长历法日期 9.0.0.0.0　8 阿哈瓦 14 塞赫（公元 435 年）

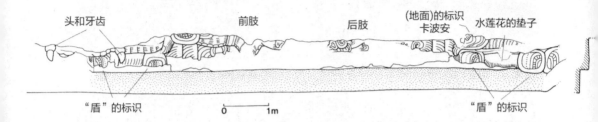

帕帕加约神庙东侧的石劈裂面，展示了用石灰制作的鳄鱼模型，以及大地和水莲花的标志

和参与这些仪式活动的统治者的威望和权力。

　　在 A 号球场第一期建筑和帕帕加约神庙建设之后的一段时间，一座大型金字塔建筑在它的南边修建起来，该金字塔的遗存仍旧保存在 II 号神庙较晚阶段的建筑物之下。从公元 5 世纪以来，有一处露天的庭院被北面的球场环抱，10L-26 号的早期建筑在庭院东侧，10L-11 号早期建筑在其南侧。尽管在尺寸、方位和装饰上有变化，但这三组建筑贯穿了王宫区的整个历史，目前的证据也表明这三组建筑的功能也始终保持一致。10L-26 号、10L-11 号建筑构成了球场空间，限定了橡胶球比赛的场地范围；10L-26号建筑一直扮演着与祖先祭祀以及相关仪式活动有关的皇家神庙的角色；而 10L-11 号建筑，根据两个不同时期的台阶上发现的铭文资料判断，它是一座记录了统治者世系的宗祠。

　　在玛雅社会，最神圣的追求一直都未变化过。在中美洲地区，橡胶球比赛从前古典早期就已经开始了，因此在科潘第一批神庙之中修建一座供打球的球场就再合适不过了。据 16 世纪观看过球赛的西班牙观众的描述和嵌在球场内的石头或是古典期彩陶器上的图像化特征，玛雅世界球赛的仪式的目的是确保自然循环的持续和丰产：特别是太阳、月亮和天体的运动，以及农时的运转。统治者们通过赞助球赛可能还参与球场上的仪式性角逐，他们被视为帮助维持世界按秩序运行的神的代言人。球场还在前古典晚期的玛雅遗址比如塞罗斯、伯利兹被发现，并且它似乎是玛雅王国的核心公共建筑的组合中非常重要的一个组成部分。

根据 16 世纪的编年学专家记录，中美洲的球赛具有一套复杂的规则，最基本的要求是球员们使用臀部或者膝盖通过撞击不让球落到斜坡面或者构成了两侧看台的"坐席"上。因为球是实心橡胶做成的，很硬，所以球员穿的特殊保护服会磨损得很严重。球不能落在中间的凹陷的地面或"球场通道"上，因为这被认为会激怒地下世界的冥王。球员们把球击打到开阔区域或者对手的位于球场两端的"端区"就可得分。（到了后古典期，一种新的编织环被加进比赛：在两边的看台中心各悬挂一个圆环，一方球员只要让球从圆环中穿过，就能在比赛中获胜。）在科潘，A 号球场所有时期的建筑都有 3 个雕刻了鹦鹉头样子的石牌被嵌入与"球场通道"平行的每一侧看台的顶部位置，两端和中间各有一个石牌。石牌也同样被嵌入"球场通道"中轴线上的两端和中心点位置。尽管目前还不清楚它们的用途，但推测其是用作直线标志或是得分点。

通过 16 世纪西班牙观众对球赛的描述以及与今天还在墨西哥偏远地区开展的不同形式的球赛的比较，这样的规则设计导致大多数比赛结果都是平局。当有人真的获胜，一定会令人极为兴奋和惊叹。17 世纪基切玛雅人（Quiche Maya）的圣书——《波波尔乌》（*Popol Vuh*）中有一个片段描述了英雄双胞胎兄弟和地下世界的冥王之间的球赛，在这场比赛中，双胞胎兄弟令人震惊地获得了胜利，这被看成是对地下世界王者不可思议的胜利。由此认为，在一些重要仪式场合，玛雅统治者扮演双胞胎兄弟的角色，而他们的对手（可能甚至还会穿上服装）则扮演地下世界的统治者。如果现世的国王赢得比赛，就象征他击败了死亡、黑暗、疾病和饥饿，给予他的民众欢呼的机会。

历史记录中有一个引起争议的内容就是后来的纪念碑上显示雅什·库克·莫并不是科潘的第一位王，尽管他是这个著名王朝的开创者。在 1 号石碑上，第 7 王叙述雅什·库克·莫自称是"烟雾·寇德克·K 神"（Smoke Codex God K'）的继承者。在 24 号石碑的正面也有一个长历法日期 9.2.10.0.0（公元 485 年），但在背面的铭文中提到了另一个"第一个坐上王位"的人，可能与更早的一个日期相联系。而在 24 号石碑底部的长历法日期中，莫利推断如今科潘小镇所在的地方是河谷内最早的居住和纪念仪式中心。对 24 号石碑背面没有日历的文字内容的最新释读似乎支持这个观点。另一个更早的国王的统治时间被指向 1 号墓中的头盖骨（见第 49 页图）上记录的周期节点的日

期：8.17.0.0.0 1阿哈瓦8科恩，或公元376年。头盖骨上描绘了两个坐着的面向一个石碑和祭坛的重要人物，其中一个人的名字是"树叶阿哈瓦"的象形字。

早期的历史年代也会在时间晚很多的纪念碑上发现，如1号和4号石碑上提到了8.6.0.0.0和8.6.0.10.8两个日期，分别对应于公元159和160年。与后一个日期相关的是一个人名"玛·奇纳·雅·尤·阿哈瓦"（名字的后半部分和头盖骨上发现的"树叶阿哈瓦"相似），科潘的族徽跟在它之后。假设中美洲记录了玛雅地区历史的典籍编撰和保存实践直到17世纪的洛佩兹·德·科戈卢多（Lopes de Cogolludo）才开展起来，这些指向更早期历史事件的文献应当没有被当作传说、神话删除，它们很可能都有一些事实上的依据。而当时生活在王宫区的人群留下的考古学证据的特性也暗示这段历史从那里开始。还有一个更早的年代——7.1.13.15.0 9阿哈瓦13库母（Cumku）（公元前355年），也在1号祭坛上出现；但关于这个早期事件是神话、传说或者真有其事，我不愿冒险去总结。

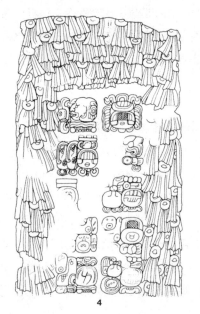

4

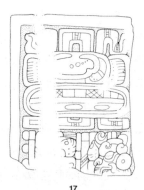

17

I

建国者的早期继承人

无论雅什·库克·莫的继承者采取了什么样的政治组织结构，从他在位开始，科潘就作为一个整合的政治实体走向繁荣。正如之前已经提到的，雅什·库克·莫的儿子奉献了63号石碑。据称该石碑上包含了第3王的一个头衔，读作"依扎特"（itz'at, 博学之人、圣人、掌握文字的人），这个称呼同样也被第4王刻在63号石碑之前的象形文字台阶上。这表明了读写能力和知识对于早期科潘国王们的重要性。最近，席勒重新释读了在基里瓜发现的第2王的石碑（26号纪念碑，约公元493年）。她指出了在基里瓜的早期文字材料中有两个人分别被称为"第3王""第4王"。和第3王在一起的那个人名和雅什·库克·莫的儿子在63号石碑上提到的一样。而在基里瓜26号纪念碑上发现的第4王的名字在一个雕刻象形文字的台阶上也被发现了，它正好在帕帕加约神庙的内室被摆在63号石碑的前方。在26号纪念碑上没有发现基里瓜的统治者，也没有发现基里瓜的族徽。这条信息很明显：至少从第3、4王在位开始，科潘控制着基里瓜。充满价值的莫塔瓜玉器之路可能就是科潘王朝对该地区感兴趣的原因。

含有第4王名字（翠·依赫）的象形文字台阶也被放在帕帕加约神庙内，同时第二层地面也在神庙内铺垫好。台阶和地面覆盖了原先的地面，最初的地面和63号石碑的献祭以及帕帕加约神庙本身的修建属于同一时期。翠·依赫的名字是被抬升的象形文字台阶上从右边起的第三个字符；大部分位于顶部的更多篇幅的铭文在7世纪开始时被仪式性地"杀死了"。刻写在台阶上的名字与Q号祭坛上排在第四继承顺序下方的文字相符合，并且还在同时期的属于古典期中期的46号石碑上被发现。帕帕加约神庙内的象形文字台阶在63号石碑和神庙被填埋时被敲碎和焚毁，与之一起的还有原先都是放在建筑里面的6个鹦鹉头形的球场石牌。

（P90）在第1、4、17号石碑上都记录了8.6.0.0.0　10阿哈瓦13科恩（公元159年），这刚好是一个周期在科潘结束的时间。在1号石碑上还记载了一个与科潘有关的铭文符号，它与一个大约200天后的日期有联系，这让琳达·席勒相信这个日期应与王国的建立有关

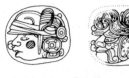

a

b

c

d

e

另外还有一些石刻纪念碑可能与帕帕加约神庙属于同一时期，包括 A 号球场第一期建筑、10L 号下层 –2 号建筑。35 号石碑被发现于位于大广场的 10L–4 号建筑内部的填土里，据克劳德·鲍德兹按其形制的推算，其年代应该在约公元 400 年。这就使它的雕筑年代稍早于 63 号石碑。35 号石碑的碎片中没有文字记录，但其中发现的图像上有蛇身形的"仪式条带"，这是古典期玛雅王很经典的象征物；而席勒认为 35 号石碑就是雅什·库克·莫的自画像。在形制演变上下一个阶段的 60 号石碑，在它的侧面有象形文字，在它的正面有部分人的肖像。尽管是以相比于 35 号石碑更工整和较少自然主义风格的形态，"仪式条带"也同样出现了。

科潘第 3 和第 4 位国王的象形文字名称。在 63 号石碑上的如图 a 所示的字符以及基里瓜的 26 号纪念碑上的如图 b 所示的字符记载了第 3 位国王（麦特·海德）。表示第 4 位国王（翠·依赫）如图 c 所示的字符则在 Q 号祭坛北侧面，在王朝序列中的第四顺位，如图 d 所示的字符在帕帕加约神庙的象形文字台阶上，而如图 e 所示的字符可以在 34 号石碑上找到（全部出自科潘）

从河谷变迁的视角

除了在王宫区发现的建筑纪念碑和文字记录反映了日益复杂化的社会之外，古典期中期的科潘河谷也有人口增长和分化的大量考古学证据。这些证据来自对在河谷内的试掘坑的广泛发掘，对 9N–8 号建筑的扩大发掘，以及对王宫区不同地点的发掘，和对距离现代村镇以北 1 千米、当地人称为"厄赛罗 – 德拉斯梅萨斯"（el Cerro de las Mesas）遗址的调查（该遗址位于一座呈明显阶梯状的山体被夷为平地的顶部，这种山势很显然是被设计成防御工事的。但令人不清楚的是，占领它的人防御的是来自河谷内部还是外部的敌人，不过它确实暗示了在古典期中期就已经具备的某种防御观念）。

古典期中期的遗存不断地被现代村民在他们的私有房产下挖掘时揭露出来。实际上，古典期中期遗存在现代河谷内和厄赛罗 – 德拉斯梅萨斯遗址的范围内数量巨大，因此这两处地点也许代表了公元 5 世纪和 6 世纪两个"大家族"（社会经济权力上的扩大式家庭和他们联盟的亲族与家臣）的遗存。我们已经知道王宫区是统治者进行王权统治的所在，但是统治者是否有可能从几个带有竞争性的并对王位展开角逐的皇室或贵族血亲集团中产生呢？

对 9N–8 号建筑的发掘同样揭露了一些古典期中期的有趣现象。在 A 号院落发现的三期广场地面是一处被 3 座建筑共享的石灰面，它们围合起一个开放的广场或院落。要知道，在古典期早期（比加克期）这里的建筑都是鹅卵石和土铺垫的地面，石灰的加入似乎表明到了古典期中期这里的居民社会等级有了提升。一个灰堆（垃圾堆）内包含生活陶器、烧土块，且地面的西部边缘发现了废炭，这表明食物在这个遗址内，可能是在广场西北角的一个小房间（1.5 米 ×2.2 米）内制备。古典期中期的建筑位于广场的东侧，南北长 17 米、东西宽 6 米，门道设在西边面向院落。这可能是这一时期该遗址最为重要的建筑了，并且在它的东侧地面之下埋葬了最重要的居住者。

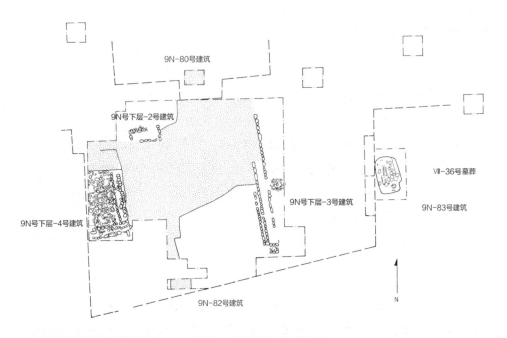

古典期中期（阿克比陶器期）9N–8 号建筑 A 号院落单元的平面图

　　精心设计的Ⅷ–36 号墓葬内，随葬的是古典期中期 9N–8 号建筑的主人，他显然是公元 5 世纪科潘社会中一位身份地位特殊、备受尊敬的贵族。据推算，他死亡时年龄大约 45 岁，身高 1.7 米，高于现代玛雅印第安人的平均身高，这表明了他享有优质的营养。他在精心的准备和布置之后被埋葬，这不仅反映了他生前的威望，还有他的职业——他看起来就像是一位萨满。和他一同随葬的都是和主持宗教仪式相关的器物用品：用于自我献祭仪式的黄貂鱼尾刺；和他相伴的动物（nagules）精灵——鹿和鳄鱼的骨头，通过动物伴灵他能进入精神世界；一部古籍或硬壳书，里面的内容应当包括占卜术和当时的神秘知识，但现在这些不可能保留下来；以及 5 颗含有铁镁矿物的致幻剂的可能用于献祭仪式的特殊石英石。[弗雷·迭戈·德·兰达（Fray Diego de Landa，即后来的毕思普）在 16 世纪写道，"如果他是一名巫师，活着的人会为他随葬他的一些带有魔法的石头和表明他职业的工具"。] 在这个墓葬中，5 颗石英石放在相邻的 2 个乌苏卢坦期的乳凸状四足陶碗里，其中一个碗里放了 2 颗，另一个碗里放了 3 颗。这些陶碗内壁有简单的曲线纹，使用一些阴纹、刻画的装饰技法，底部有 4 个乳凸状的足加以支撑。其中有一个碗的执柄上装饰了一个干瘪的人脸，可以想象这就是萨满自己的肖像。

［在我发现这座墓葬的一周之后，我受了很严重的伤并进行了一次复杂手术，当我从大腿到脚趾都套着护具返回科潘时，镇上的居民相信我们真的挖到了萨满的遗存。直到现在，这座墓的主人在当地都被看成是"el Brujo"（巫师），每当有厄运降临到社区成员的头上，都会被看作是对他的责罚。墓主人即便是死了，也是一种可以争夺的社会资源，当地方博物馆进行翻修时，这座墓还被谣传要被短暂地运离科潘去首都做临时展览，镇上的广场上差点因此发生一场骚乱。这座墓最后还是在夜色的掩护之下被运出乡镇的！现在它（我们希望是平和地）和全部的随葬品都放在科潘博物馆里。］

这座墓的有趣之处不仅在于其本身，它还传达了有关科潘河谷内社会演进的信息。这位萨满明显比他比加克期的祖先具有更高的社会地位。在该墓葬中，外来物品的数量和质量以及高等级的人工制品（包括底部有凸起的带盖彩陶碗——很可能是从危地马拉高地引入的，110 颗用海菊蛤壳做成的串珠，一颗鳄鱼牙齿和鹿下颌骨做成的项链，以及一串玉制项链）证明他已经获得了更高的社会经济地位。但他是通过自己在巫医和献祭上的技艺和努力，还是因为他是一个富有者的儿子获得这种社会地位的呢？这是考古学家经常遇到的一个问题，因为传袭的社会地位意味着一个社会的成员们拥有正式的阶层划分，但是通过自身努力获得的则没有。尽管他的身高能够证明他获得传袭社会地位的某些信息，但在遗址中发现的更早的墓葬中缺乏令人惊艳的随葬品来证明这个人的社会地位至少有一部分是通过自己获得的。体质人类学家丽贝卡·斯托利（Rebecca Storey）在他的牙釉质上还发现了更多的证据（牙科的发展令人瞩目）表明他曾经历过苦难的童年。科潘早期获得性社会地位的证据能够支持威廉姆·拉什杰（William Rathje）很早就表达过的观点：公元 200—650 年，科潘社会具有更多的流动性，比社会地位日益固定化的（可能是伴随血缘关系）古典期晚期有更多的社会阶层流动可能性。

Ⅷ –36 号墓葬的视角，展示了地层叠压情况以及它被叠压在 9N–8 号建筑 A 号院落单元的 9N–83 号最后一期建筑之下的情景

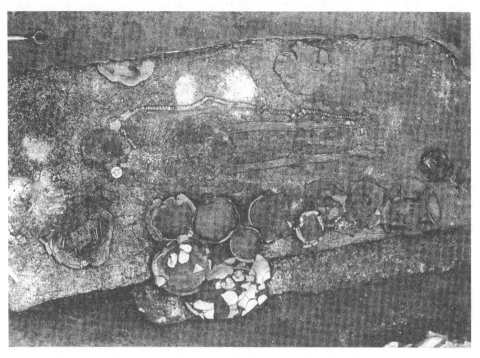

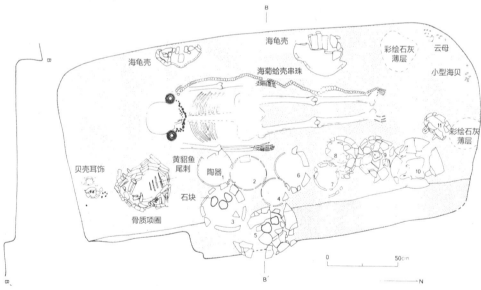

（上）Ⅷ–36 号墓葬的细节。早在 1981 年该墓葬被发现之前，这些陶器就已经被覆盖其上的地层重重地压碎了

（下）Ⅷ–36 号墓葬的平面图，显示了石膏板上随葬品的摆放位置。黄貂鱼尾刺、龟甲和特殊的石子都是宗教仪式的象征

王宫区发现的古典期中期墓葬

　　对王宫区的发掘也揭露了一些古典期中期的墓葬，它们中很多都有非常精美的随葬品，但没有一座比胡安·安东尼奥·巴尔德斯（Juan Antonio Valdez）和查尔莱斯·齐克在 10L-26 号建筑以北的调查中发现的 V-6 号墓葬随葬的更多。这座墓的主人，也是一位成年男性，埋葬时呈坐姿被放在一个比古典期晚期地面低几米的石棺内，并靠近 10L-26 号建筑的中轴线。尽管没有文字确认他的身份，但墓葬物品的数量和质量以及墓葬处于靠近王宫区最神圣建筑之一的位置共同表明了他很可能也是一位王室家族或统治集团的成员。这些随葬品中，包括：一件从墨西哥中部传入的被称为"淡橙色"（Thin Orange）的陶碗（可能是从墨西哥城以北最重要的贸易中心特奥蒂瓦坎，然后经由卡米纳胡尤传入的，多数人认为卡米纳胡尤是特奥蒂瓦坎的前哨站）；一个精雕细刻的碗，上面的图像也具有卡米纳胡尤的风格；数量丰富的其他陶器；成百上千片贝壳；一块页岩作为背面的黄铁矿镜子；磨制精良的玉片和其他物品。

　　另一位重要人物被埋葬在帕帕加约神庙正东面的大型建筑台基东面的大型石灰雕塑的正下方，其比神庙的建造还要早一个阶段。这座建筑有一个很大的平台，顶部还有一个超大型的屋顶，只是被晚期的建筑摧毁了。至少在平台的东侧装饰了指示"Gi"神的石灰面具雕塑，在它的头上坐着一只翅膀展开的鸟。XXXVII-1 号墓葬随葬了一位年长的女性，仰身头朝南，石棺放在面具雕塑正前方的地面之下。XXXVII-1 号墓葬中随葬了 3 个陶器、2 块大玉片（一块放在女人嘴里，这是泛中美洲人民为保证死者灵魂进入天堂的习俗）、4 片贝壳、2 块没用过的黑曜石刀片和 2 根缝纫用的骨针。一个陶器周身和器盖上的雕刻装饰也许用名字或至少是祖先的名字表明了她的身份。2 个三足筒形陶罐及其盖子上都装饰了 2 只鸟，代表了绿咬鹃（玛雅语为 k'uk）和金刚鹦鹉（玛雅语为 mo'）。由于刻纹陶器上的字从字面上读作 K'uk Mo'，这是否意味着 XXXVII-1 号墓葬的女主人和伟大的雅什·库克·莫有联系呢？无论怎样，这座墓随葬在具有如此权力象征性的图像前面，暗示了墓主人在古代科潘社会特殊的社会地位。

　　XXXVII-2 号墓葬位于 XXXVII-1 号墓葬的正东面，是一座男性成人墓，有石块框

XXXVII–1号墓葬的陶器，器身和盖子上刻画了绿咬鹃和金刚鹦鹉。器高23厘米

出的墓坑以及石盖板。墓主人的骨骼是目前在科潘发现的超过500座墓葬中体格最强壮的一副。和他一同随葬的有一件非常普通的陶器，年代也是古典期中期早段。比这件陶器更为重要的是他嘴里的玉珠。这件玉珠被雕刻成铭文学家所谓的"ti"（秃鹫）的形象，它读作ahau（王）。这位健壮的男性应该是古典期中期科潘的一位国王。

埋葬好XXXVII–1号墓葬和XXXVII–2号墓葬之后，帕帕加约神庙东侧的台基还有石棺墓被之后营建的梅斯卡伦神庙（Mascarón Structure）叠压。这座神庙至少在正前面（西面）有很大的石灰面具，并且还有一条居中的可供登上顶部神庙的台阶步道。在1939年，斯特罗姆维奇最初在象形文字台阶金字塔下方的隧道发掘中揭露了神庙北面的外墙上的2个面具。在神庙中央台阶步道的西侧是第3王在位时修建的帕帕加约神庙。

在卫城，宾夕法尼亚大学的罗伯特·谢尔和大卫·塞达特（David Sedat）开展了对阿克比期考古隧道剖面中的建筑以及相邻的东庭院中的建筑的调查。他们的发掘揭露了从古典期中期开始到科潘有记载的历史结束主要的建筑群。对卫城东部被科潘河冲毁的外部剖面的研究，如今因为发现了埋藏在东庭院下最晚一期的建筑而得以深入，并且已经揭示出了 5 个建筑时期。每一时期在东、西、北面都有很多建筑，也可能包含了 10L-16 号建筑当时的格局。有几座建筑上发现了重要的装饰元素，比如安特神庙墙面上的石灰面具和帕洛特神庙（Parrot Structure）上彩绘的铭文，谢尔和他的同事们认为这些可能都是雅什·库克·莫使用过的。在这些建筑南面，是体量巨大的阿玛里洛神庙，其中包括在科潘发现的最大的纪念碑之一，它足以证明科潘早期统治者的存在。毫无疑问，在这里开展的持续性工作将解决东庭院的建筑是传统方式的布局还是像 A 号球场、10L-26 号建筑以及 10L-11 号建筑那样的围合式的布局的问题。谢尔和塞达特对早期阶段卫城的研究工作无疑能够为回答这些建筑的重要性和功能属性及其历史提供非常关键的信息，也能补充河谷内和王宫区其他区域的年代序列。

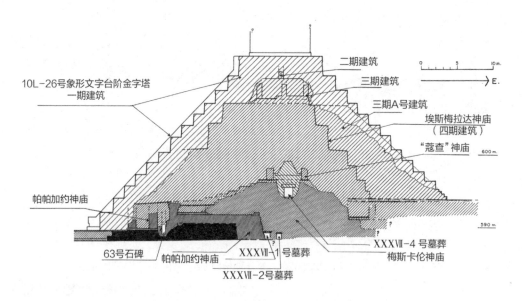

通过隧道发掘揭示的 10L-26 号建筑的横剖面，展示了文中提到的建筑物

公元 5 世纪和 6 世纪的王朝历史

在第 4 王翠·依赫统治结束之后，目前还没有找到当时为第 5、6 王建造的纪念碑，因此也就没有历史文本给我们留下这些人的资料。关于第 7 王水莲花美洲豹，我们在 9 号建筑找到了 15 号石碑，在王宫区找到了 E 号石碑。第 7 王的纪念碑是目前首次在两个区域内找到的。项目组中的铭文学家尼古拉·格鲁布（Nikolai Grube）发现他还是第一位在东南部玛雅文化区之外的纪念碑（也就是在伯利兹的卡拉科尔遗址发现的 16 号石碑）上被提到的统治者。格鲁布认为，这个记录表明科潘在古典期中期是政治上的统治中心，并且对于卡拉科尔的国王来说，提及与科潘水莲花美洲豹国王的联系是具有政治声望的。E 号石碑上有第 7 王的肖像，这使得后来的统治者可以驻足在大广场西边的台阶的西侧边缘瞻仰他。水莲花美洲豹的在位时期包括了从公元 504 到 544 年的 40 年，这是一段很长的统治时间。15 号石碑上提到了雅什·库克·莫的 9.0.0.0.0 事件。至于第 8、9 王，我们目前也没有发现有关他们的纪念碑，可能是因为他们的统治时间加起来只有 9 年。

第 10 王月亮美洲豹的继位日期是在 9.5.19.3.0（公元 553 年 5 月 26 日）。在公元 564 年的 9 号石碑上有他的雕像，在公元 574 年的 18 号石碑上也有。这些石碑都位于 9 号建筑，这表明这一建筑区对于他而言有足够的重要性，但不等于埋藏在王宫区晚期建筑之下的属于他统治时期的其他纪念碑就不重要了。9 号石碑上提到月亮美洲豹的父亲是水莲花美洲豹，因此这引出了王位如何继承这个问题。考虑到水莲花美洲豹的统治时间，似乎推测第 8、9 王都是他的儿子会比较合理，但他们都在继位之后的短时间内逝世了，然后就由他们更年轻的弟弟——月亮美洲豹继位。还有一种可能，第 8、9 王都是第 7 王年轻的弟弟，他们分别在这位年长而长寿的哥哥死后不久的几年里相继逝世。当我们考虑到月亮美洲豹在公元 578 年逝去之前统治了 25 年之久时，第二种解释显然在生物学上比第一种假说合理一些。已知帕伦克王国采用兄弟继承制，它有 4 个例子证明王位由更年轻的弟弟而不是由国王的儿子继承。

E 号石碑，水莲花美洲豹的塑像，竖立在大广场西侧的台阶上。请注意现在的人像被拉长了；而在公元 8 世纪的石碑上，约瑟夫·斯宾登（Joseph Spinden）首先注意到人像的躯干被缩短，头部则被放大了

　　在月亮美洲豹之后是另一位长寿的统治者，科潘王朝的第 11 王布兹·产（意为烟雾的蛇或烟雾的天）。他出生在公元 563 年 4 月，15 岁时继承了王位，在公元 628 年 1 月 23 日逝世之前他统治了 50 年。他是第二位在王宫区（P 号石碑）和 9 号建筑区

（位于现代村庄的 7 号石碑）都发现了纪念碑的统治者。P 号石碑是古典期中期科潘最精美的纪念碑之一，同时也被嵌入了卫城西庭院最晚一个阶段的建筑之内。在 P 号石碑上，布兹·产在他的一个称谓前使用了"ah–po"（国王）这个前缀，一个同样的象形字符也出现在古典期晚期距离科潘以东 70 千米的洛斯希戈斯遗址的 1 号石碑上。[尽管缺少"water group"（成组的水波）这个前缀] 如果这个字符被认为是一个象形字，这也许说明科潘和洛斯希戈斯之间存在统治关系或往来。大卫·斯图尔特指出它可能只是一个简单的称谓（而不是象形字）或一种由布兹·产和雕刻在洛斯希戈斯石碑上的后来的统治者共享的一种"属性"。尽管我们不能肯定在他名字的短句中的这个定语表明他征服或者在政治上统治了洛斯希戈斯地区，但至少我们现在明确了可以从考古学和其他的铭文资料上寻找能够说明这个问题的证据。

从 PAC I 项目的试掘坑获得的证据表明公元 7 世纪是科潘河谷东半部人口显著增长的时期之一，并且当地人口的扩散可能构成了布兹·产试图扩展他统治范围的基础。总之，对更早期的建筑群——A 号球场、10L–26 号建筑、10L–11 建筑和卫城东庭院的发掘表明第 11 王的统治时期是建筑的复建期。

在布兹·产统治时期，卫城另一个非同一般的建筑要属罗萨丽娜神庙。由科潘卫城考古项目的联合负责人里卡多·阿奎西亚（Ricardo Agurcia）在 10L–26 号建筑下打隧道发现的这座壮丽宏大的建筑，因被玛雅先民小心地埋藏和保存着而没有被摧毁成灰，这得益于通常的惯例——前期的建筑都被后来的另一个建筑覆盖。

正是因为如此，它才是已知的在科潘保存完好的一座神庙。它东西宽 12 米、南北长 18 米，两层结构，屋顶上还有一个脊。这座华丽的建筑最引人注目的是它几乎保存了所有原初的雕塑外立面的装饰，并涂以石灰塑形。因此，它能展现给学生们古典期玛雅艺术充满着图像细节和可供分析解读的宗教图景。

装饰罗萨丽娜神庙西侧门道的是两个巨大的头上扬的鸟，从它们的嘴里出现了古老的神像伊萨姆纳（Itzamna，古代玛雅文化中最初的神）的头。在大鸟之上，位于第一层屋檐上的是侧向的、图像化的巨大的蛇头。位于第二层的是一个大型的神头像，

P 号石碑，布兹·产的塑像。在公元 8 世纪该石碑从原来的位置被移走，放到现在靠近卫城西庭院东北角的位置上

两侧表现出神山（witz）和两个蛇头，它们扭动的身体向上延伸至顶部的脊梁。在第二层的北侧是穿刺神（Perforator God）的图像，这无疑和献祭仪式有关。这最后的一个图像可能是理解神庙图像的钥匙。可能罗萨丽娜神庙代表了一座和纪念伊萨姆纳献祭仪式有关的神山，在献祭过程中人们向他贡献了虔诚的鲜血。

　　阿奎西亚在罗萨丽娜神庙西室的地面下发现了一个真正的、非同寻常的藏满了圣物的密室。它隐藏在房间南端一个大致用石块框出的圆圈里，祭品中包含了9件怪异的燧石（之所以这么说是因为它们被打制成多样的、奇怪的形状）、3件燧石矛头、3件带刺的牡蛎壳、1颗玉珠、1件黄貂鱼尾刺和许多幼年鲨鱼的椎骨，以及1件用来包裹这些圣物的光亮的蓝色织物的遗存。那些怪异的燧石被单独用蓝色织物包裹，作为祭品的一部分附属其中。9件精美的怪异的燧石中的6件体现了精湛的工艺并且在装饰手法上保持一致。我认为它们出自同一个人，或至少是在一个大师的指导下由一个燧石打制"团队"完成的。另外3件怪异的燧石则出自技术欠成熟的工匠之手。那6件更为精美的燧石代表了使用从未见过的方式制作的最为精美的打制石器。

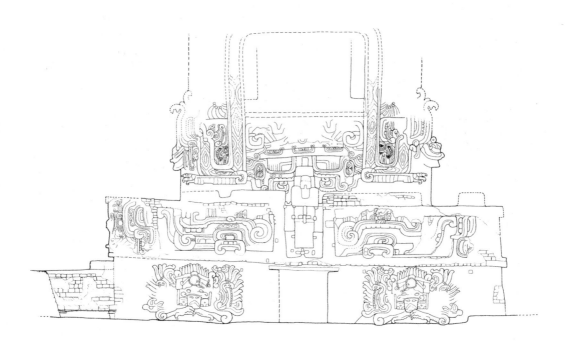

罗萨丽娜神庙的西侧立面图，展示了1991年发现的外立面石灰雕塑

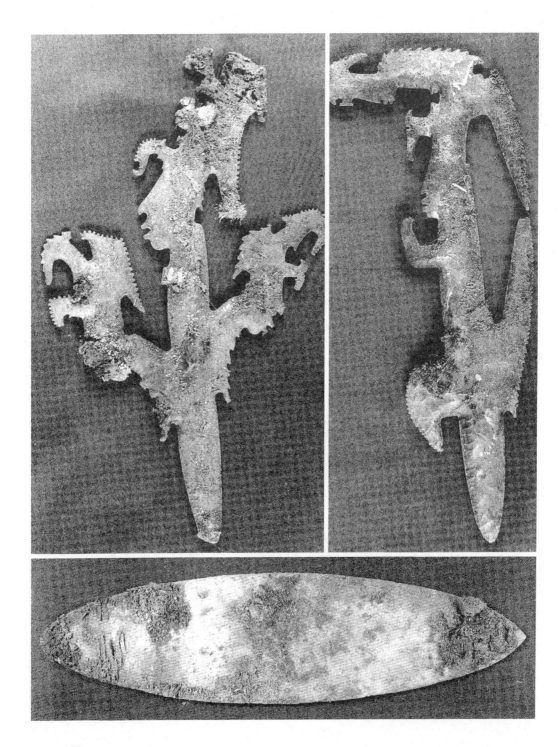

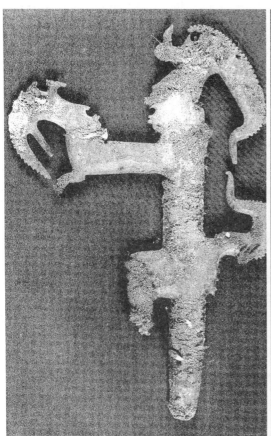

在罗萨丽娜神庙的西室地面下发现的储藏室内的
物品都具有强烈的象征意义，并且代表了迄今为
止科潘发现的最好的祭品之一。特别值得注意的
是这种奇特尖状器的杰出的工艺。（P106，左上
和右上）造型奇特的燧石，高度分别为33厘米和
43厘米。（P107，左和右）造型奇特的燧石，高
33厘米和52厘米。（P106，下）燧石矛头，长
35厘米

第 12 王的统治

第 12 王烟雾·依米克·K 神，于公元 628 年继承王位，随后统治了 67 年。这个漫长的王朝尽管不寻常，但第 12 王在当时和后世修建的纪念碑上比科潘王朝的任何一位国王都有更多记载。除了建国的君王雅什·库克·莫，第 12 王最有可能是科潘王朝历史上最为重要的国王。非常有趣的是，我们没有发现在他的执政生涯中前 26 年的纪念碑，而在 9.11.0.0.0（公元 652 年）这个周期结束后，他的纪念碑开启了真正的爆炸式增长。这些可能表明当他还是一个年轻的国王时，他花费了很多时间去巩固自己的统治，而当他稳固了统治地位后他就会留下强烈的烙印。事实上，在他统治的第 15 年，他在科潘河谷竖立了非常著名的 6 座石碑。

约瑟夫·斯宾登是第一位指出这 6 座石碑上的日期具有同时性、彼此都是在 260 天之内建立的人，并将石碑解释为当时科潘王朝统治疆域的边界标志。后来有很多文章沿用了他的这一观点，但也有其他人采用不同的视角解读。莫利认为 10 号、12 号石碑可能代表了一种巨大的、在河谷范围内的对太阳的标记物，如果从河谷东端的 12 号石碑望过去，4 月 19 日这天，太阳正好从 10 号石碑背后落下，而这一天正好是焚烧表土为种植做准备的日子。普罗斯科里亚科夫认为这些纪念碑在河谷内的放置地点能建立起某些特殊的圣山与崇敬的祖先之间的关联。如果按此理解，雅什·库克·莫正对应于 10 号、19 号石碑。就在最近，我认为这些石碑的摆放，至少在科潘河谷东部的入口处可能构成了一个线性的可以向王宫区点火燃烟传递信号的系统。可想而知，其具有的防御功能，正如我们认为厄赛罗 – 德拉斯梅萨斯遗址具有的防御属性一样。

在此情境下，我们应当重视大卫·斯图尔特发现的一项重大的铭文释读成果。在基里瓜发现的 L 号石碑中心雕刻了一位盘腿而坐的人像。人物的名字在铭文记载的末尾紧靠在基里瓜的族徽之后。人像本身构成了一个代表"日子"含义的涡纹装饰的"阿哈瓦"图案，L 号石碑是有记录的最为精美的国王祭坛之一。尽管与"阿哈瓦"日期相关联的内容在祭坛的上部没被保存下来，但是在祭坛右侧边缘的文字中发现了"12 阿哈瓦"。9.11.0.0.0 这个周期的结束落在"12 阿哈瓦 8 塞赫"这一天，这对于烟雾·依米克

（右上）基里瓜的 L 号祭坛的椭圆形牌饰中的人代表了基里瓜新登基的国王，这是通过姓名短语和人物右侧象征基里瓜的铭文字符辨认出来的。他的继位仪式由第 12 王烟雾·依米克·K 神监督，他的名字出现在人物左侧三个铭文的下方，紧跟在一段宣告周期结束的文字之后

（左）2 号石碑，第 12 王烟雾·依米克·K 神在他最值得庆祝的周期 9.11.0.0.0（公元 652 年）结束之时的塑像

（右下）科潘的 6 号石碑，是第 12 王烟雾·依米克·K 神最后的纪念碑之一，满饰了"美洲豹－塔拉洛克"（Jaguar-Tlaloc）的意象。塔拉洛克的头从仪式性的饰条上的蛇嘴中伸出来，并在伴有纪年符母题的头饰上出现了 3 次

来说是最重要的日子（就像 9.0.0.0.0 对雅什·库克·莫的重要性一样），如此看来 L 号祭坛上与很大的阿哈瓦图案相伴的也是 12。烟雾·依米克·K 神出现在边缘的铭文中，与"12 阿哈瓦 8 塞赫"这个周期结束的日期联系在一起。祭坛上另一个周期历的日期是"9 楚恩 14 泽科"，是伟大的周期结束之后的第 231 天，对应于祭坛本身雕刻或装饰的日子。这可能是基里瓜新的国王继承王位的日期，其很可能是在第 12 王的支持或直接统治下登基的。

当斯图尔特在 L 号祭坛上发现人像和烟雾·依米克·K 神的名字时，他立即提出了一个问题：这是否意味着烟雾·依米克·K 神对基里瓜有统治权？有些人反驳道，基里瓜的 L 号祭坛可能只是记录了烟雾·依米克·K 神对基里瓜的一次王室访问，就像记录其他古典期玛雅城邦的统治者一样。然而，基里瓜的历史记载表明该遗址在第 3、4 王统治时期的确被科潘王朝统治。而且，L 号祭坛上提到之后是考阿瓦·斯基（Cauac Sky）继承基里瓜的王位，他声称他是在继承科潘第 13 王——18 兔子领土范围内的权力。接下来的基里瓜国王甚至都声称自己的权力是从科潘的建国者雅什·库克·莫传承而来的，并且提到和在科潘的 Q 号祭坛顶部与雅什·库克·莫的名字联系在一起的相同的较早日期（9.0.0.0.0 和 8.19.15.0.5）。最终，科潘的第 16 王——雅什·帕克在 9.19.0.0.0 这天在基里瓜完成了"割礼"的仪式，这被记录在基里瓜卫城遗址的 1-B-1 号建筑上。因此，这样说来，烟雾·依米克·K 神对于 L 号祭坛上的那位国王而言并非只是友好的邻邦君主那样简单。

在河谷和王宫区竖立起 6 座石碑之后，第 12 王显然还有很多要说道的地方。在他剩余的 52 年统治期内，他奉献了 1 号、5 号、6 号石碑和 I 号、H'号、I'号和 K 号祭坛。我们持续地对卫城里的如今被掩埋的更早时期的建筑进行调查，一定能找到几座属于他统治时期的建筑——一种可能是埋在 10L-26 号建筑内被命名为"蔻查"（Chorcha）的建筑。

"蔻查"的平台掩盖了梅斯卡伦神庙和帕帕加约神庙，很可能是第 12 王主导了这次建设，并仪式性地"杀死"了 63 号石碑、第 4 王的象形文字台阶和装饰有鹦鹉头的球场石牌并将其埋葬。位于"蔻查"平台上的建筑南北长 30.5 米、东西宽 6 米，形式与众不同。这座大型的长廊式建筑前后都有 8 根石碑分隔出 7 个门道。在这座建筑内发现了科潘考古历史上最富有的墓葬。

　　XXXVII –4 号墓葬是一座精致的穹顶石室墓，是在"蔻查"的平台下面发掘而出的。一部大的（对开的卷册？）如今严重腐蚀的典籍就放在墓主人头部附近，10 件彩陶器放在靠近他脚端的壁龛里，还有一件受到特别重视的描绘了书写者形象（发饰内插了一支画笔，书写职业的象征）的"科潘多"（Copador）彩陶器（见下文）。它被放在（或可能被绑在）一张铺在 3 块巨石板上的莎草席垫上，这个书写者戴了一串特殊的磨光和雕刻的玉串项链，他的服饰则包含了 19 片大的带刺的牡蛎壳。在墓室内随葬了 44 件陶器、1 件表面涂了石灰和彩绘的木碗、数量众多的表面涂了石灰层的珍贵物品，以及一个 12 岁男孩的遗骨。丽贝卡·斯托利对这座墓中儿童的分析揭露了他牙齿上的牙

XXXVII –4 号墓葬的规模和随葬品使其成为科潘发现的最富有的墓葬，并且表明了墓主人崇高的地位。墓葬内部，在前景中可以看到书写者的玉串项链。墓室后部原本供进出的台阶在封闭墓室时也被墙封住了。（P112，左上）在墓葬中发现的"科潘多"彩陶，展现书写者头戴网帽的典型形象，帽子上还配有一支画笔。这一点，以及发现的颜料罐和疑似树皮纸书，都表明了这是一位书写者的墓葬。（P112，右上）墓室外随葬品中的陶塑。这样的人物装饰在一些装有灰烬的圆柱形香炉的盖子上。最高的盖子高度为 75 厘米。（P112，下）在整个墓室彻底完成埋葬之前，陶器雕塑的器盖被仪式性地砸成碎片或"杀死"

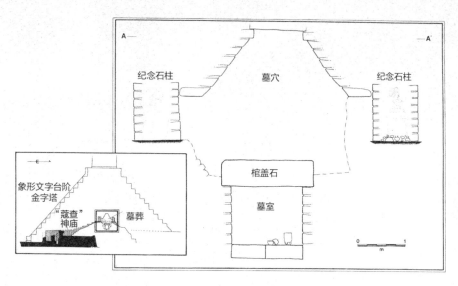

纪念石柱　墓穴　纪念石柱

棺盖石

墓室

0　　　　1
m

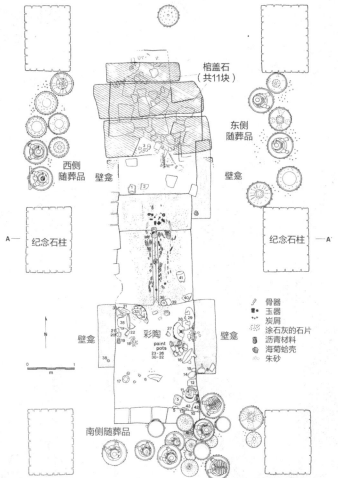

棺盖石
（共11块）

东侧
随葬品

西侧
随葬品　壁龛　　壁龛

纪念石柱　　纪念石柱

壁龛　彩陶　壁龛

paint
pots
23-26
30-32

南侧随葬品

骨器
玉器
炭屑
涂石灰的石片
沥青材料
海菊蛤壳
朱砂

XXXVII-4号墓葬的平面图和剖
面图，展示了壁龛和随葬品的
位置

113

釉质包含的信息，发现了他在成长阶段营养不良的证据。斯托利认为这个孩子来自一个低等级社会阶层，用以献祭给这位尊贵的墓主人。在墓葬南端封闭入口有一个装满了焚香器的壁龛，包括 7 件器盖上装饰了精美的半尺寸的人物造像的香炉。

这座墓中随葬品的多样性、富有和复杂程度，以及它是遗址中最为显赫的建筑中的一座，表明墓主人是与国王关系非常密切的亲信。地层上显示的墓葬建筑位置表明他是在第 12 王或第 13 王统治期间下葬的。经斯托利鉴定的骨骼遗存表明这是一位 35～40 岁的个体，比 18 兔子（超过 60 岁才死）或烟雾·依米克·K 神（超过 80 岁才死）要年轻许多。

16 世纪，弗雷·迭戈·德·兰达曾写道：如果对祭司充满兴趣，那么国王的次子们通常会被任命为祭司。可能科潘王室的书写官就是第 12 王或第 13 王的一个次子，一个死在他父亲（或兄长）之前并且没登上王位的王子。

在第 12 王统治时期，河谷内的人口继续呈现加速增长的趋势。第 12 王的王朝和阿克比期陶器的最后一段相对应，这个时期有典型的从古典期中期的阿克比期向古典期晚期科纳期转变的陶器类型和比例标志。几乎在河谷内的所有试掘坑内，都发现了阿克比期最晚期的陶器和前科纳期陶器（见下文）。到这个时期，居住范围已经扩展到了河谷东部之外的地区，土地利用的证据在河谷内的所有地形区也都有所发现。这一时期同样的居住证据还在河谷之外有发现，包括里奥阿玛里洛遗址。第 12 王统治的后半期对应于科纳期的开始，没有人会对该时期人口的快速增长有争论。等到第 12 王统治结束（公元 695 年），我估算科潘河谷的人口数量应该为 8000～12000 人。尽管我们没有足够的房屋样本数据、墓葬埋葬行为和支撑起整个河谷的人口的活动证据，但我的预想是这些遗存能显示一个明显的朝向社会分层的趋势。

有证据表明第 12 王这 67 年的统治时期是科潘王朝历史上动态发展的时期，包括对当地统治的巩固和对基里瓜城邦与莫塔瓜河下游河谷周边地区的持续统治。尽管从河谷内的试掘坑获得的信息还远不能提供不可辩驳的证据说明人口数量达到了 10000

（P114）皇室书写者墓葬外的随葬品中的人像陶塑。这些雕像装饰在一些装有灰烬的圆柱形香炉的盖子上

人，但我相信科潘在第 12 王的统治时期，一定在大多数人认为的国家的层级发展其人口规模和推动社会政治复杂化进程。毋庸置疑，我们越是发现和理解更多这一时期的遗存，我们就越能体会到在第 12 王统治时期科潘所取得的成就。

18 兔子——政治家和君王

雅什·库克·莫建立的王朝的第 13 位国王名为瓦哈克·拉温·乌巴克·卡威尔，现代学者一般称他为十八松鼠或 18 兔子。他在公元 695 年 7 月 9 日，即烟雾·依米克·K 神死后的第 21 天继承王位。他统治时期长达 43 年，是科潘王朝历史上在位时间第三长的，但不清楚他真实的出生时间。尽管第 13 王也继承了建立众多石碑的传统，但他改变了前任国王们的形式。不同于第 12 王广泛分布的石碑，第 13 王竖立的石碑都发现于王宫区，除了一个（J 号石碑）以外，其余的都放置在大广场。在修建了他最早的浅浮雕 J 号石碑（他继承时的石碑）之后，第 13 王还用极致的高浮雕技法突出他的肖像，有一些部位近似于圆雕。同样地，他在最后阶段的第 22 号建筑上雕刻的塑像也都采用了线条流动的、自然主义风格非常明显的高浮雕。可以说，在他统治时期，科潘王朝的艺术成就到达了美学和技艺复杂性的最高水平。

除了在大广场竖立石碑以外，18 兔子还在大广场的东、西、北面修建了台阶和露天看台，以及 10L-2 号和 10L-4 号建筑最后一期。从建筑样式的基础和浮雕的深度来看，他可能还修建了东庭院 10L-20 号和 10L-21 号建筑的最后一期，以及 10L-22A 号建筑的较早阶段、10L-26 号建筑的倒数第二阶段和主球场（A 号球场的第三期建筑）的最后一期。A 号球场第二期 B 段建筑里的比赛通道地面上的 3 件得分标志牌代表了一套特殊的精致纪念碑，第 13 王在修建自己更为辉煌的球场之前，把它们嵌在先王们修建的球场场地上。

（P116）由塔季扬娜·普罗斯科里亚科夫在 20 世纪 30 年代的水彩画中绘制的 M 号石碑和 10L-26 号象形文字台阶金字塔

117

（左）东面刻有席子编织纹的 J 号石碑（面向从拉斯萨普杜拉斯延伸来的玛雅道路或圣礼通道）上刻有铭文，记载了 18 兔子掌权后第一个周期的结束。这段文字还回忆了著名的 9.0.0.0.0 周期结束的仪式以及王朝建立者雅什·库克·莫的名字

（右）C 号石碑东侧面：18 兔子年轻时的肖像。注意他腰带上的鳄鱼头以及悬空的上肢

（下）A 号球场第二期 B 段建筑比赛通道上的得分标志牌。中间的标志牌展示了 18 兔子（左侧）与冥界诸神之一的 0 号神之间的对决

科潘的人口在这一时期达到了前所未有的规模；以"科潘多"著称的科潘彩陶器生产并传播着；在 A 号石碑上，统治者声称与其他三个城邦——蒂卡尔、Q 号遗址（大多数学者认为是卡拉克穆尔）和帕伦克具有同等的地位和某些联系，或者在装饰这个石碑时这几个城邦国王曾来访。科潘可能控制了科潘河谷以北的地区和东至基里瓜、拉文塔河谷地带，同样地，科潘河谷内也出现了在 9N-8 号建筑群的 9N-82C-2 号建筑上通过石雕展示的强化的身份意识和认同。第 13 王的统治范围非常广阔且复杂。从他众多的纪念碑和他在位时迅速发展的城邦来判断，第 13 王很善于统治艺术和仪式表演。

第6章 科潘"马赛克"：重塑建筑、信仰和历史

仿佛是忌妒人类的这一伟大文明，所有最凶猛的自然力都在试图摧毁它。甚至在历史时期，频发的地震已震毁了遗址，如今玛雅那些雕刻精美的建筑碎片散落在它的金字塔斜坡上，就像一幅巨大的石块拼图的碎块。

科潘的建筑雕塑

几个世纪以来，统治者发明了一种信仰，并凭借它获得神授予的权力确保其不朽。通过宣称一个可以解释宇宙和科潘统治者神圣权力的世界秩序，统治集团试图达成共识，并强化他们统治河谷内居民的政治和经济上的权力。随着时间的推移，这种竖立雕塑和建筑纪念碑来强化地位的做法，从王宫区扩散到居住在河谷内、心怀大志的贵族身上。除了国王建立的纯粹的展示信仰或政治性的纪念碑外，科潘上层社会的每个人似乎都痴迷于记录各自一生取得的社会地位。在用精美雕塑装饰的建筑物里，贵族们展示了他们超越自然以及世俗的权威——他们的个人历史和祖先世系，还有他们与科潘王室之间的关系。遗憾的是，科潘建筑的材料没有很好地经受住时间的考验。

石灰层被用来密封建筑的地面、露台和屋顶，定期的"粉刷"（通常用耀眼的颜色）用来密封并保护建筑免受雨水的侵蚀。一旦这些建筑被遗弃，石灰泥就会开裂，

水和植物就会渗透到裂隙里，而地震会把脆弱的建筑摧毁，很快热带森林就会覆盖上去。

有证据表明，在科潘王朝崩溃的数年后，一些建筑被故意摧毁或盗掘。每一次对带有雕塑装饰的建筑的新发掘，都能为后王朝时代的居民搬运和移除雕塑的行为提供更多的证据。这类事情持续发生，导致建筑中丢失数量最多的雕塑是人和神灵的头颅、手以及象形文字碎片，显然这些都是几个世纪以来改变了这片土地的居住者和收藏家所感兴趣的。19 世纪和 20 世纪初的考古学家们也在无意中将众多散落在遗址周围的倒塌的建筑雕塑聚拢起来，造成了混乱。由于没有记录单个碎片的位置，而且雕塑碎片本身繁多的种类也无助于它们的重建，因此直到卡耐基探索项目之前，都没有人对这一史无前例的艺术宝库进行过系统的研究。目前在该遗址的工作成功地证实了由普罗斯科里亚科夫重建的许多细节，同时使我们能够看到并理解一些简单的但在她那个时代根本不可能看到的物件。

"科潘马赛克计划"致力于与洪都拉斯历史学与人类学研究所合作，保护、研究并在可能的情况下重新阐明和解释散落在卫城和遗址核心区的大广场表面，以及收藏在该研究所库房里的 25000 多件雕塑碎片。这项工作包括对雕塑本身进行定位和清理，对其进行研究并将其编入正式的目录，建造新的储藏室和实验室设施，以便对材料进行长期的保存和分析，并对可与某一特定建筑有关联的雕塑进行解释。该项目最初的设想和开端都是作为一项修复工作，到现在已发展为对倒塌的雕塑进行长期研究，包括重建古代科潘的建筑、信仰和历史。（该计划仅正式目录就包括描述、等比例的绘图、照相，并在可能的情况下判断出处、修复破损的碎片和重新拼合相邻的碎片。）

分析的理论和方法

我们的目标是利用公元 8 世纪和 9 世纪王宫区以及整个河谷内发现的公共纪念碑，揭示科潘中央权力机构为应对在考古学上显示的河谷内遇到的社会和政治问题而提出的意识形态与政治适应的形式和实质，以及刻在王宫区的石碑上的历史记录。

我们的策略是首先记录历史事件，然后重建和解释宗教及政治形象。碑文和建筑的层位情况使我们能够确定特定事件的日期，包括遗址核心区主要纪念碑的建造时间和随后修缮的时间。对刻在纪念性石碑上的公开内容的破译，使我们对当权者认为足以记录的重要历史事件有了一些了解。对建筑外立面雕塑各构件进行严谨的分析，使我们能够重建它们的原始形态，并将其作为科潘王国的艺术和建筑的核心来诠释其意义。

最终，我们希望能够利用文字学和考古学证据来描述和解释古代玛雅的科潘治理国家的经验和能力。我们对公共纪念碑的真实性和重要性的评估融合了来自项目内外的社会科学家的众多有益的批评。

历史记录的重建是基于对象形文字的破译和建筑层位的解释来判定的准确的建筑物年代。在某些情况下，我们可以利用早期考察的记录来拼合和重建散落的雕塑碎片。然而，当我们开始这个项目时，在 25000 多件雕塑碎片中，只有几百件能被安置到它们原来所在的墙面上。不过，我们很快就意识到，即使总体风格相似，每一面外墙都或多或少有其独特之处。因此，通过仔细发掘特定建筑的未被破坏的部分，我们可以获得明显是从该建筑上的镶嵌雕塑掉落的样本。这些信息使我们能够确定之前存疑的建筑的装饰母题，并帮助我们从未经证实的碎片中筛选出雕刻尺寸、风格且浮雕深浅相同以及母题相同的其他样品。事实上，建筑物上大部分外立面的雕塑所在的位置，使我们能够将同一建筑的许多碎片重新拼合起来。

我们在发掘象形文字台阶金字塔的四面台阶和在调查卫城东庭院所有现存的建筑时都遵循了这一程序。事实证明，得益于方法正确，我们的工作范围也随之扩大。

这些重建告诉我们有关科潘古代玛雅人的信仰、历史、社会结构和政治组织的诸多信息。其中最吸引人的是那些关于王宫区的统治者和他们在河谷居住的臣民之间关系的信息。为了说明这一点，让我们来梳理一下启发我们进行"科潘马赛克计划"的建

5 号雕塑堆，位于 A 号球场第三期建筑东部，图上显示的是它在"科潘马赛克计划"开始时的样子。现在已知这堆雕塑的碎片来自 7 个不同的建筑

筑：萨普杜拉斯 9N–82 号建筑的"书写者之家"（House of the Bacabs）。

9N–82 号建筑正面墙体的较低位置有两尊从蛇嘴中露出来的拟人半身像。保存较好的那个人像左手拿着一个切开的海螺壳作为墨盒。在这个建筑最后一期的填土内埋藏着前一时期该建筑中使用过的类似人像的残片，并且早期的人像是圆形的。除了海螺壳墨盒外，早期人像右手中还拿着一支画笔。最后，它的"猴形人面"和"附加的"的鹿耳表明它表现的是一个玛雅古典期的书写者。

这两个人物与该建筑的连续建造的关联表明，书写者的职务是由父亲传给儿子的。在建筑的东北角下面发现了一个书写者的坟墓（Ⅷ–6 号墓葬），那里供奉着他所崇敬的超自然的神像。在他的胸前发现了一件条形的翡翠玉带，其大小和佩戴方式与该建筑的最后一期（第 16 王雅什·帕克统治时期）的中央门道上方雕刻的人物身上的一样。与之相关的石凳上的铭文记录的主角要么是他的父亲，要么是佩戴着与他父亲相同的、具有身份象征意义的玉条胸饰的他本人。这个证据和其他来自石

（上）鲁迪·拉里奥斯修复的 9N-82C
号建筑 1 号房屋（"书写者之家"）

（左）鲁迪·拉里奥斯修复的 9N-82C
号建筑 1 号房屋前壁的东壁龛中出
现的书写者神像。请注意其左手拿着
的是作为墨盒的半个海螺壳

（P125，上）根据鲁迪·拉里奥斯在
建筑上的研究和我在沙盘的复原工
作，重建了 9N-82C 号建筑的 1 号
房屋的正面（北）外墙

（P125，左下）Ⅷ-6 号墓葬，与
9N-82C 号建筑 2 号房屋一起发现。
注意佩戴在胸部的玉带

（P125，右下）沙盘中复原的
9N-82C 号建筑 1 号房屋前壁中间
位置的人像。请注意对佩戴在胸前的
玉带的表现

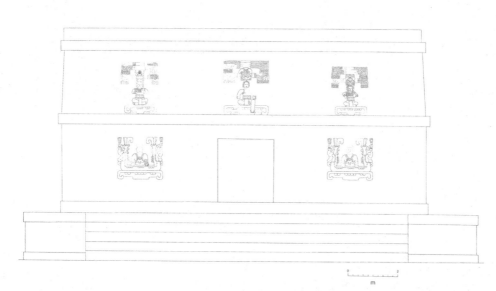

出自 9N–82C 号建筑 1 号房屋的"猴形人面"玛雅书写者和艺术家神像，高 52 厘米。猿猴的面部特征，以及耳朵上方"附加的"鹿耳是这类神像的特征。请注意它左手拿着一个切开的海螺壳作为墨水盒，右手拿着的是画笔

126

凳上的文字和图像证据进一步强化了一种解释，即在当时，书写者的职位是继承的，这正如西班牙人入侵时记录在法律档案和尤卡坦半岛的法庭案件中以及拉斐尔·罗伊斯（Ralph Roys）在他《埃伯顿的土地所有权》（*The Titles of Ebtun*）一书中分析的一样。此外，对石凳上的铭文和嵌入建筑台阶的重复使用的文本的最新解读表明，9N-82号建筑的书写者是为了纪念他们与国王烟雾·依米克、18兔子和雅什·帕克的亲密关系。

迈克尔·科在他的《玛雅的书写者和他们的世界》（*The Maya Scribe and His World*）一书中表示，书写者在古典期玛雅人中受到极大的尊重，正如他们在后来的墨西哥（阿兹特克）人中一样。西班牙祭司佩德罗·德·萨拉贡（Pedro de Sahagun）说，墨西哥人这样认知书写者："好的书写者诚实、谨慎、有远见、喜欢沉思；他们明辨颜色，并运用自如，他们制造影子，创造了脚、脸和头发；他们画画、上色、制造光影，画花园，画花卉，创造艺术品。"科得出的结论是，书写者这个职业只限于精英贵族阶层，这可以从墨西哥和16世纪尤卡坦半岛发现的证据中得到证实。他进一步推测，在古代玛雅社会中，只有贵族血统的成员才有机会在死后逃出冥界，就像《波波尔乌》中提到的英雄双胞胎兄弟在他们与地下冥王之间的史诗之战中获胜那样。9N-82号建筑的外墙和石凳，以及与该建筑相关的墓葬和雕像，为他的论点提供了坚实的考古学证据。因而，书写者所必需的贵族地位和排他性，以及他们所具有的技能和智慧，使他们稳稳地居于科潘社会的上层。这些人都声望极高，很可能还拥有相当大的权力。

18兔子的纪念碑

正如我们所见，最晚时期的"书写者之家"的台阶上融入了曾使用过的刻有象形文字的建筑碎块。这些文字记录了国王烟雾·依米克·K神的死亡日期，以及第13王18兔子继承王权的纪念日。铭文学家大卫·斯图尔特曾指明这个登基纪念日也出现在10L-22号建筑内室的刻文台阶上，该建筑长期以来被认为是科潘最美丽的单体建筑。

10L-22 号建筑的内室，象征宇宙星象图。最下层的头骨代表冥界，即死者居住的地方。图上东部和西部位于骷髅头上的承托天空的力士居住在凡人的世界。力士支撑着双头蜥蜴，它的身体代表着天空，在此交织着由国王祭祀仪式所产生的神灵和祖先的联系。当统治者站在或坐在门廊时，象征着他处于玛雅宇宙的中心

10L-22 号建筑的内室，包含：玛雅世界的宇宙图，显示了以埋葬祖先头骨为代表的冥界地下世界；在人类居住的中间世界，坐在地面上的是承托天空的力士（Bacabs），他们的职责是支撑天空；以及由一条天空中的双头蛇所代表的神界，在其缠绕的身体上，众神们翩翩起舞。

艺术史家玛丽·米勒（Mary Miller）和琳达·席勒认为，从 18 兔子开始，统治者们在 10L-22 号建筑的内室中执行放血的自我献祭仪式，以便与他们的祖先以及内室入口上方的拱门所描绘的神灵们交流。因为发现了装饰建筑外部四个角落的大型石质面具并不是人们以前认为的雨神查克（Chacs），而是被玛雅人用象形文字标注为"tun witz"的山神，她们的假说得以证实。因此，10L-22 号建筑被理解为象征一座人造的"圣山"，正如现代玛雅人在朝圣期间与祖先交流时祭拜的那些高山。现代朝

圣活动的高潮是在被认为是祖先居住过的洞穴入口处的神圣十字架前焚香烧烛。10L-22号建筑的入口雕刻着一个巨大的土地神形象——代表着"圣山"中洞穴的入口，而内室可能代表着与祖先、神灵交流的圣地。10L-22号建筑的外墙面也饰满了从山神的符号（tun witz）中发芽的玉米神图像，表明丰产是统治者向神灵祈祷的主要诉求。

玛雅人的自我牺牲仪式包括放血，以及献祭动物甚至活人，这早被16、17世纪的西班牙祭司仔细记录了下来，但长期以来其被20世纪的玛雅文化研究者作为一种发生在后古典期早期阶段的"墨西哥入侵者"传入尤卡坦半岛的"偶发行为"而不予考虑。然而，最近越来越多的学者，如大卫·乔拉里蒙（David Joralemon）、大卫·斯图尔特、琳达·席勒和玛丽·米勒对古典期玛雅的图画雕塑和象形文字的分析表明，献祭

"科潘马赛克计划"修复的10L-22号建筑角落的石雕。石像上有tun（石头）和山或山丘（witz）的标志，表明该建筑象征一座神圣的石山

中的放血是玛雅统治者举行的重要仪式。事实上，古典期的玛雅碑文中常见的动词"割礼"（见第 24 页的图和第 26 页的图）被大多数权威人士解释为统治者自己放血。这些"割礼"仪式在大多数重要的周期循环结束时，即在长历法中的每 5 个盾（5×360 天）完成时进行。有可能在这些仪式和其他特殊场合中也会献上其他人的血，甚至是生命，当然还有鹿、美洲虎和火鸡等动物的血，因为在玛雅艺术、树皮纸书中，甚至在某些考古学的发现（见第 8 章）中都能找到这种做法的证据。

10L-22 号建筑的神圣象征意义，不是军事层面的，它与 18 兔子统治时期竖立的其他诸多纪念碑有相似之处。特别是大广场上的石碑，强调丰产、太阳崇拜和古典期玛雅宗教观念的其他主题，这使得克劳德·鲍德兹认为 18 兔子关心的不仅仅是军事征服。他是一个有积极作为的统治者，建造了大广场的阶梯，并在广场上竖立了 7 座石碑（A 号、B 号、C 号、D 号、F 号、H 号和 4 号石碑），修建了界定大广场南、北两端边界的最后一期建筑物（10L-2 号和 10L-4 号建筑），负责 A 号球场第二期建筑 B 段的改建和 A 号球场第三期建筑的建造，负责倒数第二期 10L-26 号、10L-22 号建筑的部分或全部修建，以及从雕塑的风格来看，还包括 10L-20 号和 10L-21 号建筑。事实上，琳达·席勒认为如果以作品的数量和对极其自然、流畅、高浮雕风格雕塑的贡献来看，18 兔子是科潘历史上最伟大的一位艺术赞助者。

除了 10L-22 号建筑外，18 兔子统治时期最著名的也是保存最完好的建筑遗迹是 A 号球场第三期建筑。它是一座非常庞大宏伟的建筑，规模仅次于奇琴伊察的 A 号大球场（Great Court）。A 号球场第三期建筑无疑是有史以来同类型建筑中装饰得最精致的，它在球员比赛通道的地面上、用于反弹皮球的倾坡面上、建造在比赛场地之上和远离赛场的两座庙宇的四面墙壁上都装饰着大量雕塑。

如今，比赛通道的地面上已经严重腐蚀的得分标志牌原本展示了球员在比赛中击打大橡胶球的场景。每个倾坡面上都有一个横向贯穿它们中轴线的凸起面，上面都刻有象形文字。铭文上记录了该建筑的纪念日期（9.15.6.8.13　10 伯恩 16 克阿雅伯，或公元 738 年 1 月 10 日），即这位杰出的统治者去世前的几个月。在看台的顶部有竖立

2 号雕塑堆，包含卡耐基项目从 A 号球场第三期建筑上移除的碎片，图上显示的是它在"科潘马赛克计划"开始时的样子。背景中可见属于 A 号球场的 10L-10 号建筑

在榫头上的金刚鹦鹉头，而在中轴线上和 2 座建筑的两端也各有一个。这些也被称为"标记"，不过它们在比赛中的实际作用还没有被发现。早期的球场也有比赛通道地面上的标记和垂直放置的金刚鹦鹉头的看台标记，这表明在球场大约 400 年的使用过程中，装饰风格是一以贯之的。

"科潘马赛克计划"开始于 1985 年，其目的是对 A 号球场第三期建筑的镶嵌雕塑进行重新阐释、保护和研究。卡耐基研究所的德雷克·努斯巴姆（Derek Nusbaum）和古斯塔夫·斯特罗姆维奇发掘出了外墙碎片，并小心翼翼地在紧邻球场的范围内堆起 4 个独立的雕塑堆。球场碎片有 1200 多块，属于一系列独立的图案母题：大红金刚鹦鹉的身体部位、羽毛项圈、阿克巴（akbal，黑暗）标志、玉米和植被，以及竖直带榫头的"骨质阿哈瓦"（bony ahau）碎片。

A 号球场第三期建筑的 10L-10 号建筑，展示了 1988 年开展"科潘马赛克计划"时由芭芭拉·费什想象和鲁迪·拉里奥斯修复的红色金刚鹦鹉。这个"混合重建"的建筑综合了各种保存得最完好的图案（爪子、蛇翼、尾羽等）

在计算了单体图像的最少数量，并进行了大量耐心的实验和重新检索后，芭芭拉·费什提出了球场内 16 只鸟的复原方案。通过对碎片中的楔形榫头的研究，她发现每座建筑上的 4 个转角各放置 1 只鸟，还剩下的 8 只鸟则被放置在 2 座建筑的东、西两侧门道之间的石碑上。每只鸟头上都佩戴着串珠项链，鸟喙呈张开状，项链下面有左爪、右爪、翅膀——在玛雅艺术中，蛇头符号放在鸟的翅膀上是一种更加完整的形式——它从项圈和身体的两侧水平延伸，（最后）是一个包含阿克巴（黑暗）符号的精致尾羽，以流瀑状的姿态向两侧分叉并以中间尾巴根部对称地向左右延伸。（融合这些图案元素于一体的且保存最完好的完整样本，已经修复好并放置在球场东侧的建筑上，正对着比赛场，这样一来，前往科潘的游客就可以了解到雕塑外墙的原始模样。）

对《波波尔乌》和现存树皮纸书中的记载进行研究后发现，金刚鹦鹉是太阳的象征。A号球场第三期建筑的金刚鹦鹉尾巴上都带有阿克巴（黑暗）标志，也许这里的隐喻是这些鸟代表着冥界的太阳，与黑暗和死亡的力量做斗争。正如我们在上一章中所述，长期以来，人们一直认为中美洲球赛的主要内涵是永葆诸如太阳和其他天体运动的自然循环，以及季节更迭和食物丰收。在科潘，球场屋顶的排水道上发现的涡卷形植物，以及2座建筑外墙上重复出现32次的玉米图案，显然蕴含了丰产思想。当国王或他的代表击败疾病、干旱和死亡的力量——对方队员的服饰象征——他成功地保证了太阳再次在东方胜利升起，保证了雨水的丰沛和按时到来。

其他古典期的玛雅遗址中有大量的证据表明，球赛中的失败者会被作为祭品，18兔子完全有可能在他的统治时期处决几个被击败的球员。

在一个祭坛以及现在陈列在科潘博物馆的一根小石碑上，18兔子还提到了在与该地区较小部落的战争中抓获了俘虏。事实上，琳达·席勒认为，当他被俘虏并于公元738年5月3日被基里瓜的国王考阿克·斯基斩首时，18兔子还在为了他的新球场的献祭而捕获战俘。可是这个长寿而杰出的科潘国王是如何被一个比其弱小很多的国家的王杀害的呢？这个问题在很长一段时间都困惑着学者们。可以肯定的是，正如我们所看到的那样，对于两个城邦的历史来说，这都是一个开创性事件。

18兔子在他自己的石碑、10L-22号建筑和最晚阶段的A号球场上所提倡的高浮雕、圆润和自然主义的风格，在卫城的东庭院的10L-20号和10L-21号建筑外墙的装饰雕塑上也有体现。由罗伯特·谢尔主导的东部院落的研究，可能会获得地层证据，这将有助于确定这2座大型建筑是否与10L-22号建筑处于同一时代。

（左）来自象形文字台阶金字塔的玉雕人像，是迄今科潘遗址发现的同类作品中最好的。高 14 厘米

（右）战神玉雕神像

卫城内命名过的建筑或房屋

10L-20 号建筑曾经展示过一面寓意不祥的装饰外墙,现在完全被科潘河冲毁。根据皮博迪博物馆和卡耐基研究所考察团成员的记录,该建筑的外墙上装饰着许多大型杀人蝙蝠的雕塑。这些蝙蝠通过胸前的死亡标志(%)和它们的"死亡之眼"项圈被识别为《波波尔乌》中描述的那种可怕的冥界居民。就在最近,我们从卫城和当地博物馆与库房中收集了这些蝙蝠雕塑的所有碎片,并计算出这些杀人蝙蝠至少有 6 只。

帕拉西奥早在 16 世纪就将 10L-20 号建筑描述为一座"塔",它在 20 世纪之初被河水冲毁之前,莫斯莱对其进行了部分挖掘。这次发掘揭露了它的上部建筑有两层,建筑的绳栓(用于支撑门的)放置在外面。这种摆放方式意味着该建筑设计时就是从外部密封的,这引导奥地利建筑师哈索·霍曼(Hasso Hohmann)和安内格雷特·沃格林(Annegrette Vogrin)得出结论:10L-20 号建筑是一座监狱。它以杀人蝙蝠为装饰,与《波波尔乌》中描述的"蝙蝠之屋"相似,且拉坎顿玛雅人(Lacandon Maya)将祭祀仪式中的潜在奉献者囚禁在木笼中的习俗都增强了这种解释。在拉坎顿,守卫睡在房顶上以防止囚犯逃跑。普罗斯科里亚科夫在《玛雅建筑图集》中指出,杀人蝙蝠雕塑是屋顶的装饰品。

《波波尔乌》中还提到了其他的"酷刑室"(Houses of Torture)。如果 10L-20 号建筑代表一处古典期的"蝙蝠之屋",那么在科潘或其他古典期的遗址中是否还存在其他这样命名的房屋呢?一种可能是,紧靠 10L-20 号建筑北面的 10L-21 号建筑。它也是古典期晚期东庭院中的一座高大恢宏的建筑。芭芭拉·费什和我曾在别的地方提出,10L-21 号建筑可能是"chayim ha",即"刀屋"或"剃刀屋"。"chay"的意思一般是黑曜石,因此,"chayim ha"更普遍的解释可能是"黑曜石之屋"。

10L-21 号建筑上装饰着一些邪恶不祥的图案,其中之一似乎是一把奇怪的刀,交叉刻画表明是一块黑色的石头,也就是黑曜石。不过更耐人寻味的是,这个建筑的四面墙上都布满了交织的眼睛图案。这些眼睛里的瞳孔被挖掉了,朱莉·米勒

10L-20 号建筑上的一只杀人蝙蝠雕塑，现陈列在科潘博物馆。注意胸前的 ％（死亡标志）。高 75 厘米

（Julie Miller）曾在 10L-21 号建筑中发掘出完整的标本——眼睛里装饰着黑曜石圆盘。建筑上装饰的"塔拉洛克"头颅也有被挖空的眼睛，这大概也是为了镶嵌黑曜石。这些显著的黑曜石和祭祀的证据清楚地表明 10L-21 号建筑最有可能是"黑曜石之屋"。

在科潘的东庭院发现另一处有名字房屋的证据，它是建在 10L-22 号建筑西侧之上的 10L-22A 号建筑。长久以来，人们都知道这座建筑的外墙有一个坐垫（pop）装饰，但直到卡耐基探险队对其进行首次勘探之前，这座建筑几乎没有被关注过。1988 年我们着手准备验证芭芭拉·费什的假说，即这座建筑代表了 16 世纪玛雅莫图尔（Motul）字典中引用的"popol na"——坐垫屋或"议事屋"。项目中的铭文学家尼古拉·格鲁布发现在金塔纳罗奥州的传统玛雅群体中仍然存在这样的房屋。我们对 10L-22A 号建筑的发掘发现了装饰在建筑下部的可以拼凑成 10 个坐垫符号的雕塑碎片。2 个符号雕塑的一部分还保留在东墙上，并与西墙上 2 个倒下的雕塑位置相吻合。

（上）1988年发掘的10L-22A号建筑，在其东侧最醒目位置可见编织纹样的坐垫图案。建筑内部已被部分清理

（中）10L-22A号建筑西侧门道前倒塌但部分仍保留排列顺序的坐垫雕塑。地板上发现了硬的藜科灌木的炭化碎片，表明门廊上的木质门楣曾被烧毁，导致坐垫石雕构件倒塌在门道前

（下）发现于10L-22A号建筑（"议事屋"）的代表地名的大型象形文字

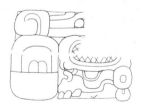

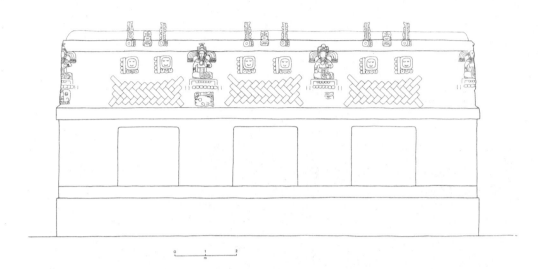

（上）根据芭芭拉·费什和鲁迪·拉里奥斯的合作而绘制的 10L-22A 号建筑南墙（前面）立面的临时复原图

（下）1990 年由科潘卫城考古项目资助修复的 10L-22A 号建筑，即"议事屋"。坐垫雕塑是根据仍保留在建筑物东侧上的雕塑和西侧门道前倒塌的雕塑的位置和形式进行修复的（参见 P137 上图）

西边门道前已经倒塌但排列有序的那个坐垫，表明在建筑正面有 3 个坐垫（每个门道上一个），背面也对应有 3 个坐垫。

与建筑前后两边的坐垫交替排列的是 8 个人像图案，每个人像都盘腿坐在一个大的象形文字上。这些文字似乎是地名，可能是王国中曾经繁荣的地区的名称。在这些人像的上方是一系列符号，上面写着"ahau lil"（管理或执行管理），这个符号的意义与这座建筑的预期功能非常一致。

人类学家拉斐尔·罗伊斯（Ralph Roys）在分析 16 世纪尤卡坦地区的玛雅政治组织时，记录了一个可以用于民族史类比的重要政治机构。罗伊斯注意到，"ah holpop"的意思是"他是掌权者"，而坐垫经常被用作政府的符号。在他对殖民时期尤卡坦北部的大城镇之一的霍卡巴（Hocaba）的记录中，村中的领头人（encomendero）告诉我们："当地领主与他手下的地方首领（cacique）一起管理和统治这个省的人民，政府称领主和地方首领为'holpop'，就像议员或首领一样，普通人通过这些人与领主交往，以获得他们想要的东西。"

与 16 世纪尤卡坦的"holpop"和"popol na"进行对比的还有它们所支持的信息。莫图尔字典对"holpop"的定义是："宴会负责人。条目：负责人，'popol na'即房子主人，他们聚集在一起讨论公共事务，为镇子的节日表演跳舞。"10L–22A 号建筑正面的空旷场地可作为统治者和他的 8 个地方首领以及其他亲信开会议事的合适场所。在发掘该建筑西南角时找到的一处垃圾堆也表明，这里确实可能是准备"宴会"的地方。诚然，10L–22A 号建筑的大小和地面似乎并不适合作为舞池，但即使如此，也有建筑结构上的证据支持这项 16 世纪的类比：在 10L–22A 号建筑的正前方修造了一座南北长 35 米、东西宽 8.5 米的抬升了基础的石头建筑（10L–25 号建筑）。该建筑的规模以及台顶没有隔挡或任何形式的建筑墙，显然符合人们对舞台的期望。

确认 10L–22A 号建筑所表现的科潘河谷内的政治家身份的最佳途径是识别代表他们来源地的象形符号，以及他们所佩戴的独特的项圈和头饰。项圈和头饰的图案可能代表了不同职业或特殊产品所标志的区分。在这方面值得注意的是，铭文学家彼得·马

修斯（Peter Mathews）曾识别出另一个人像下的字符与在科潘河谷西部边界发现的 10
号石碑铭文中所引用的地点的字符相同。同样地，10L-22A 号建筑上发现的胸前编织
绳结样式的半身像，在古代科潘城市核心东部边界的萨普杜拉斯道路尽头的一处大型
遗址的一座建筑中也有类似物（可能是该区域代表性的雕像）。也有可能一些是来自科
潘河谷边界以外的重要城镇，如阿玛里洛河、埃尔帕拉索、埃尔佩特（El Puente）和
洛斯希戈斯等地。

　　10L-22A 号建筑上所表现的首领们在他们的国家和统治者面临最黑暗的时刻时提
供了帮助。许多从外墙脱落的带有"9 阿哈瓦"字样的碎块，结合地层学和雕塑风格上
的证据为我们提供了这座建筑的建成日期——9.15.15.0.0 这个周期的结束日期，即 9
阿哈瓦 18 许尔这一天，或公元 746 年 6 月 12 日。这仅仅是 18 兔子死于基里瓜的国
王考阿克·斯基之手后的第 8 年。他们尊敬的神圣的王被一直臣服于科潘的封国统治者
抓获并斩首，这无疑是一次彻底的失败，会动摇人们对整个信仰体系和政治制度的信
心。继任国王烟雾猴子的反应是把他的行政官员和领主们召集到一个公共议事厅，并
在建筑的外墙上描绘他们的形象，并对他们在管辖领地内和国家未来中的作用表达敬
意。颇为有趣的是，他并没有将自己的肖像放在建筑前的石碑上。这种分散式的做法
后来被他继任者的作品掩盖了。事实上，直到 1988 年 10L-22A 号建筑被发掘出来之
前，烟雾猴子和他的领主们被完全忽视了。

最后几位科潘国王的政治策略

　　古代科潘建筑上的大量装饰所提供的精细的年代以及其他历史、政治和信仰方面
的信息，使我们能够相当详细地记录其成长、发展和衰落的过程。这些资料与经过它
们检验和重新评估的理论在为玛雅其他地方的政治制度和演变过程（也不止于此）提供
解释模型方面具有更大价值。当然，我们假设的在烟雾猴子修建的 10L-22A 号建筑中
被赞颂的地方首领或政治代言人只是古典期和后古典期大量证据中的一个。

考古学家和铭文学家一直在讨论这些附属领主和官员所拥护的政府，以及他们在整个玛雅地区的职责和特权是否是世袭的。10L-22A 号建筑暗含的事实对研究玛雅国家权力和政治演变具有双重作用。首先，他们认为附属领主和官员在古典期大型玛雅城邦的命运中发挥着足够重要的政治影响，特别是在政治危机时期。其次，如果说国家的基本特征之一是政治机构与亲属关系的分离，那么至少从公元 746 年开始，科潘就处于这一发展阶段。政治家的身份不是以个人的名字，而是以他们所代表的王国所在的地区名称来确定的。这一整套正式的管辖权限和官员体系，意味着在科潘的古典期晚期，玛雅人的政治组织正在向更加制度化的政府形式发展，这种体制切断了（政治）与传统的血亲和家族利益之间的关系。

科潘的书写者和武士

对科潘书写者的研究，既可以告诉我们玛雅社会的情况，也能让我们得到有关他们的生活和社会地位的信息。萨普杜拉斯公元 5 世纪的Ⅷ-36 号墓葬中所埋葬的巫医或萨满，居住在离科潘中心和科潘王朝创始人的纪念碑约 1 千米的地方。虽然他只是一个书写者，但从他死后随葬的手抄书本和其他贵重物品可以判断出他拥有雄厚的经济实力。他的墓穴和他身体上的证据表明，他的地位至少达到了与其身份相符的程度。他是否是后来以 9N-82 号建筑中连续使用的房屋和其中 2 位书写者为代表的世系中的第一位书写者呢？

从相关的碑文来看，这些更晚时期的书写者的生活时间是从烟雾·依米克·K 神去世到第 16 王雅什·帕克的统治中期。虽然 9N-82 号早期建筑更为简素——可能更符合大多数其他古典期遗址的书写者房屋的样子——但其在最晚阶段确实是一个豪华的建筑。最后一位书写者马克·查努（Mac Chaanal）被允许刻写一篇铭文，在这 16 个字的铭文中不仅纪念了在位的国王雅什·帕克，也纪念了他自己的祖先，包括他的父亲和母亲的名字。这支持了 10L-22A 号建筑确实代表了权力的分配，地方贵族被允许

（或可能是篡夺）获得比前几代更大的权力的假说。

即便如此，仍值得注意的是，即使是像 9N–8 号建筑这样有明确记录的遗址，也存在着记录上的空白。比如，至今没有发现烟雾猴子在位时的纪念碑。在国家及其政权机构处于危机中时，这个遗址的作用是什么？同样地，尽管在 9N–8 号建筑遗址进行了大量的发掘，但我们仍没有发现与马克·查努相对应的墓葬。一个被声称拥有如此奢华建筑的人，后来怎么样了？他是否在政治动荡的时刻逃出了城市？［或者，正如斯托利很久以前所提出的那样，他是否被埋葬在了王宫区？这样的殊荣以前曾授给过王室书写者（第 37–4 号墓葬），他的随葬品以及建造墓室时花费的大量人力和精力比 100 年以来在科潘考古工作中所发现的任何人的都要多。］

目前，在科潘河谷的聚落中，发现的武士缺少实证。尽管可以很轻易地提出科潘是一个书写者而不是武士的城市这种说法，但这样的论断还是非常草率。我们相信，之所以还没有发现武士的营地是因为我们所做的遗址样本数量太少。随着对河谷中更多保存有雕塑的遗址进行发掘，我们将有可能看到世袭的或选举的武士也留下了他们的职务、功绩和姓名的记录。［正如帕伦克第 4 组建筑所记录的，在"奴隶石碑"上，政府官员兼军事长官（sahal，或 cahat）查克·祖特（Chac Zutz）相当详细地列举了他的功勋事迹。］

将国王表现为武士无疑是第 15 王统治时期王宫区纪念碑上的一个突出主题。但是我们同样面临样本的问题：到目前为止，所有完全发掘和研究的建筑都是公元 8 世纪和 9 世纪的，因此我们还不能知道战争在多大程度上是以前的建筑或统治者要表达的主题。然而，在我们所能揭露出的早期卫城建筑中，似乎所有较晚时期的纪念碑记录的事件主题都有早期的对应形式。

不过，鉴于晚期古典期玛雅政治环境的好战性，以及烟雾·依米克·K 神的长期统治，我们当然可以顺理成章地得出结论，他一定是一位战功显赫的武士型国王。至少，他的麾下一定有一些优秀的战士。在考察统治者本身的记录时，人们会遇到这样一个事实：国王的纪念碑最能经得起客观事实（和唯物主义者）的检验，至少本章所讨论的作为书写者、武士和政治家的三个身份是验证成功的。但他的前任们呢?

在河谷和王宫区还有许多工作要做,我们在肯定这些人的丰功伟绩之前,对科潘的其他统治者也应有大量了解。谢尔对早期卫城及在此之前的许多建筑的研究,应该能够进一步阐明这些和其他的重要问题。

当然,科潘的研究可以证明,记录古典期统治者与其支持者之间的互动确实是可能的。这首先是通过戈登·威利和威廉姆·桑德斯各自在萨普杜拉斯的研究项目中对河谷内遗址的完整发掘而实现的。有雕塑的纪念碑让我们获得了比从没有文字材料的遗址中获得的更多的政治历史信息。需要检讨的是,在河谷中的一次发掘使我们重新检视王宫区,并使用创新的方法来解决新、旧问题。现在我们处于一个理想状态,即遗址核心和河谷聚落的研究可以相互促进。事实上,目前的卫城研究已经指引我们开展关于供给科潘城邦的城市群体和乡村聚落的进一步调查。我们将特别关注在河谷中曾出现在"议事屋"建筑的四面外墙上的地名铭文。

但现在,让我们通过烟雾猴子之后的统治者的艺术作品,回到作为武士的国王这一主题清晰的发展过程上来。

(P144)M 号石碑,如今风化严重,并因为在古代一次严重的跌落而遭到重击。它原本是装饰最繁缛精美的石碑之一,表现的是第 15 王烟雾贝壳

第 7 章　伟大复兴：象形文字台阶

在第 13 王 18 兔子死后，科潘似乎进入了一个沉寂时期——没有竖立新的石碑。学者们注意到，在 9.15.5.0.0（公元 736 年）安放 D 号石碑之后，直到 9.16.5.0.0（公元 756 年）安放 M 号石碑之前，都没有竖立站立的石碑。有部分学者认为这意味着科潘在失去他们杰出的国王之后开始走向衰落，直到他去世近 20 年后才恢复征召公众劳力来修建纪念碑的能力。在上一章中，我们看到第 14 王烟雾猴子是如何在公元 746 年试图通过首领代表公开示意人民拥有权力来重新统一河谷。在"议事屋"落成后的 10年里，科潘王室所有的艺术创造力都集中表现在一种截然不同的纪念碑上：象形文字台阶和 26 号金字塔。

象形文字台阶一直以来被进行大量研究。伯特霍德·里斯（Berthold Riese）指出，该阶梯的巨大规模和精美装饰相当于约 20 块科潘石碑，它有古代新大陆篇幅最长的单篇象形文字铭文。莫斯莱首先发现了它，并开始在 10L–26 号金字塔的西侧进行发掘。就像是历史中那些巨大的巧合之一，莫斯莱发现了如今学者们辨认为基里瓜的铭文砖。哈佛大学皮博迪博物馆在 1891 年和 1895 年的考察中，第一次对阶梯本身进行发掘。调查发现了两侧仍旧整齐的阶梯，以及数百块杂乱滚落到建筑底部的铭文石块。一组15 级的阶梯从较高处整体垮落下来，覆盖了最下面仍留在原地的阶梯。在戈登发表的报告中，包括对这两组形貌依旧的阶梯所包含的文字的分析，以及在发掘阶梯过程中发现的其他杂乱无序的字符。此后，莫利在 1920 年编写的科潘铭文的摘要中对阶梯上的所有日期进行了总结，并将阶梯作为纪念碑之一，在卡耐基研究所在该遗址工作期间进行了修复。

20世纪30年代末和40年代初，斯特罗姆维奇主导了象形文字台阶的修复工作。起初，只修复了保存有序的阶梯，底部的大部分阶梯仅在原地加固，而其他（垮塌的）阶梯被放置在上部的三分之二处。实际上这是一个不太理想的方案，因为这意味着数以百计的残块将被留在遗址的地面上，任其被青苔覆盖，在将来损毁，并要经受游客突发奇想的破坏。因此，斯特罗姆维奇随即将所有其他已知的铭文砖和人像碎片修复到阶梯上。在这样做的过程中，构成长历法中被释读的日期的文字被按顺序放置，而其余的石块则为了填补剩余空间被比较随意地放置。考虑到他们当时具备的知识以及对保护和复原——或者说是"修葺"——的关注，这是他们可以采取的最负责任的行动。

象形文字台阶，正如它在1937年时被发现的样子，只修复了保存有序且带有铭文的部分

26 号金字塔和 A 号球场第三期建筑的复原，这是从最晚期的 11 号金字塔顶部看到的场景

　　卡耐基研究所对 26 号金字塔的另一项工作是发掘台阶连接的上层建筑（神庙）的地面。莫斯莱和戈登曾认为整个上层的建筑已被摧毁，并从金字塔的侧面坍塌下来。但在 1936 年，卡耐基的工作人员奥布里·特里克在试图测量楼梯的原始倾斜角度时，发现上层建筑内部的石灰地面的碎片仍被保存了下来。特里克随后对金字塔的地面进行了完整的发掘，虽然其已经严重破损和坍塌，但经过细致的修复，发现地面留存的信息相当丰富。特里克仔细地重新拼接起地面的碎块，从而确定了地面的边缘，并揭露在神庙建筑的西侧确实有一个入口，直接对着象形文字台阶在顶部的尽头。尽管神庙的前墙已经坍塌，但石灰地面与墙体的连接处仍保留在地面的边缘，石灰层的边缘一直延伸到墙脚原来的位置。这样一来，就可以确定门道的宽窄和前墙的宽度。保存下来的地面东端存在另一堵墙的痕迹，代表了神庙的后墙，或者（更有可能）是神庙内部房间的正面阶梯或"石床"。

在 26 号金字塔顶部神庙的发掘中，还出土了从神庙雕刻的墙面上自行掉落的许多雕塑碎片。其中包括一些非常精致的、有完整图像铭文的碎片，皮博迪探险队在他们早期的调查中也发现了一部分。根据对皮博迪博物馆内碎片的检索，莫利推测这段铭文最初装饰在建筑的东侧门道上。通过对新发现的碎片进行研究，并将它们与皮博迪探险队发现的碎片进行比较，莫利宣称这些精雕细琢的文字"是这座古城有史以来雕刻得最精美的铭文"。

接下来，尝试去理解 26 号金字塔及其全部的纪念碑雕塑的重要事项是 PAC 项目第一阶段的工作。项目负责人克劳德·鲍德兹，安排铭文学家伯特霍德·里斯做了一次完整的铭文调查，集中研究这些纪念碑的年代和遗址的王朝历史。里斯意识到，许多早期对科潘象形文字的描绘并不符合现代标准，需要重新绘图记录。里斯把象形文字台阶列入了他的重点清单。台阶上丰富的早期日铭和史料素材提供了可以与竖立的纪念碑和稍晚时期埋没的旧石碑碎片上的文字进行比较的信息。绘制台阶上的铭文这个艰巨的任务由项目中的艺术家芭芭拉·费什承担。（遗憾的是，当时没能从照片上按比例画出字符——这是现代记录象形文字的标准做法——而是凭借肉眼随手画出每一个字符。）

随着费什的推进，里斯和彼得·马修斯（另一位铭文学家）开始意识到并对这段铭文所涵盖的历史事实进行评估。马修斯通过将尚未修复的保留在原始位置的文字块拼合在一起，找出了第 12 王的继位时间。两个现在已经分开的石块可以精确配对共同构成一个单字，这毫无疑问地证明了它们最初确实是连接在一起的。里斯利用这些数据和其他材料填补了该遗址的历史时间序列，包括确认了 Q 号祭坛侧面几位国王的名字。

象形文字台阶项目

　　1986 年，在我的指导下和美国多家研究机构的赞助下，26 号金字塔成为一个深入开展的研究项目的核心，其中包括新的考古发掘，以照片和图纸记录新的雕塑以及新的铭文研究。我们的目标是解决一系列相互关联的研究问题，同时完成对该建筑及其相关雕塑的尽可能详尽的记录。这个项目被认为是保护和在可能的情况下修复雕塑和建筑本身的第一步。在这项工作中，我们幸运地得到了合作专家的帮助——特别是铭文学家，与我们一起参与了更庞大的"科潘马赛克计划"。

　　我们的研究试图解决这样一个问题：象形文字台阶和神庙建造的最终目的和意义是什么？我们着力于检验两个可能的假设：假设一，阶梯是由胜利的基里瓜王朝在捕获和斩杀 18 兔子之后强加在科潘土地上作为征服性的纪念碑的。假设二，尽管失去了受人尊敬的国王，但阶梯和神庙代表着科潘王朝重建其政治威信及合法性的努力，并为保持、传承其自身的王朝和政治传统。这两个假设对玛雅低地古典期晚期的战争规模和动机的问题有着截然不同的暗示。我们为每个假设制定了一系列的期望值或"检测因子"，以便我们能够以这样的方式组织调查，并获得足够的信息来充分检验两个假设。

　　我们的研究方法使我们能够有计划地获得关于建筑、装饰建筑的雕塑以及相关行为的准确和详细的信息。我们对金字塔下部结构的四个面进行发掘，揭示了建筑的特征和遗留在建筑上的任何有关史前历史活动的残迹，以及最初装饰在这座纪念碑顶部的建筑上的成千上万块镶嵌在外墙的雕塑碎片的位置和坠落方式。我们还试图发现很可能保存在金字塔中心的更早期建筑，以便将尽显奢华的最晚期建筑与之前的建筑进行比较。这将提供给我们一个视角来评估最晚期的建筑，并帮助我们认清哪种假设更接近事实。标绘出雕塑的位置使我们能够确定每块碎片是从上层建筑的哪一侧落下的。将这些资料与能够拼合的相邻碎片结合起来，就能了解神庙每一侧的不同图案主题的精确的最小计数。所有这些都是实现更长期目标，即绘制出建筑上层四面外墙的复原图的必要步骤。

对每一块残片进行编号、分类、照相，并按 1 ：10 的比例绘图，之后根据纹饰母题，将其与其他标本一起存放在我们的实验室里，堆放时按其出现在建筑外立面的位置进行分类。这些图像都尽可能根据卡耐基研究所或皮博迪博物馆调查人员拍摄的早期的照片进行绘制，因为早期的照片显示了在此后几年中逐渐被侵蚀的字形部分（所有的图画都至少由另外 2 位铭文学家检查，以确保出版的作品尽可能准确）。除了记录阶梯上的铭文，我们还拍摄并绘制了阶梯中轴线上的人像图，以及两边精致的雕刻栏杆。

铭文和图像

尽管我们关于雕塑和发掘的工作尚未完成，但已经出现了使我们能够在两种假设中做出选择的明确证据。我们认为，象形文字台阶和 10L-26 号神庙的建造是为了记录科潘王朝历史上的重要事件。我们能够记录和重建的文字，列举了城市最杰出的统治者的出生、上位、重要的仪式和其他成就、子嗣以及死亡。目前，碑文涵盖了公元 553 年至 756 年的历史事件，但也有证据表明，更早的事件和统治者也被记录下来了。正如我们所知的，碑文中提到了王朝的建立者雅什·库克·莫。

碑文将我们带回到纪念仪式的现场和在台阶前树立 M 号石碑的岁月，M 号石碑上是第 15 王烟雾贝壳的肖像。这座人形石碑放置在台阶的中轴线上，另外 6 个原本装饰在金字塔上部神庙外立面的比真人尺寸稍大的塑像，极有可能象征着已经逝世的王室祖先。一个人像被啮齿动物图像包围，构成了 18 兔子图像的主要标志。如果完成对台阶的记录和研究，最终可能可以根据统治者所佩戴或坐落的符号来识别出每一个统治者的肖像。

铭文似乎特别强调了一位科潘统治者的作用。这座建筑的纪念日期后面跟着的并不是烟雾贝壳（实际完成纪念碑的人）的名字，而是杰出的第 12 王烟雾·依米克·K 神

坐在象形文字台阶上的人像，周围是啮齿动物的头颅，可能代表着 18 兔子的肖像

的名字。此外，底部阶梯上的铭文——也是铭文中最常被注意和阅读的部分——强调了烟雾·依米克·K 神的生平和时代。由于基里瓜的 L 号祭坛显示烟雾·依米克·K 神在该地处于强势地位，因此，如果象形文字台阶是基里瓜作为征服性纪念碑而建造的，似乎不太可能唤起人们对第 12 王的记忆。所以更有可能的是，第 15 王烟雾贝壳将对这位伟大统治者的追忆，作为凝结全体人民的号角。

据我们所知，铭文中并没有记载基里瓜单独的某位统治者的名字、上位或其他事件的重要日期。18 兔子的死亡被记载，是为了哀悼他于战斗中牺牲。事实上，考虑到烟雾·依米克·K 神对基里瓜的明显霸权，我们不禁要问，在楼梯上一块松散的石块上引用的基里瓜铭文，是不是一个从科潘统治者名字中诞生的头衔。这种做法在第 11 王布兹·产和第 13 王 18 兔子身上都有记载，他们都在自己的头衔中引用了洛斯希戈斯（在拉文塔河谷）头衔或族徽的主要标志。

因此，似乎完全可以肯定的是，象形文字台阶是科潘王朝的土著纪念碑，是为了在面对 18 兔子的耻辱性失利时，重新赋予其统治秩序以合法性而建造的。事实上，这座建筑及其繁缛的装饰有一种复古主义的感觉，其竖立的目的是激起人们对王室及其统治的支持。统治者的肖像起到了标记杰出历史人物的作用，其成就在长篇象形文字中得到了应有的记载。这些肖像还强调了王室祖先作为伟大战士的作用，因为他们的左手几乎都是拿着盾牌的。保留在楼梯底部原地不动的人物（据我们的一些工作人员推测，这可能代表烟雾·依米克·K 神）的右前臂和手，仍然是垂直于身体伸出来的，拇指和其他手指就像抓着一个细长的竖直物体。考虑到古典期晚期玛雅艺术的规范，他很有可能握着一柄长矛，如博南帕克壁画上的战士所握的，或其他大量的玛雅国王战士形象上的。另一个肖像人物的周围有绳索的雕塑，象征在献祭前用来捆绑战争俘虏的绳索。还有一个人物的中心头饰元素是所谓的"称号"，经普罗斯科里亚科夫证明，它与玛雅战士有关。

因此，神庙装饰的主要主题是王室祖先崇拜，植入战争和祭祀的背景。与作为战士的王室祖先肖像相辅相成的是 6 个大型的睁大眼睛的面具，其在墨西哥中部被称为"塔拉洛克"。埃斯特·帕斯托里（Esther Pasztory）将"塔拉洛克"的形象分为两类："美洲虎－塔拉洛克"，与战争和祭祀的场景有关；"鳄鱼－塔拉洛克"，出现在专门描绘生育和自然丰饶主题的图像中。在玛雅地区，只有"美洲虎－塔拉洛克"有代表性，席勒认为他是那些把俘虏当作牺牲品的战士的守护神。10L-26 号神庙上的"塔拉洛克"面具被明显地放置在神庙的 4 个角落，以及建筑前后两边的门洞上。围绕这些图像的是贝壳（象征着未知的水中世界）、长方形的羽毛边盾牌，以及被一些人解释为血卷轴的东西。整个复杂的符号旨在表明，所有的科潘统治者都是完美的战士，他们为祭祀典礼俘虏人牲。

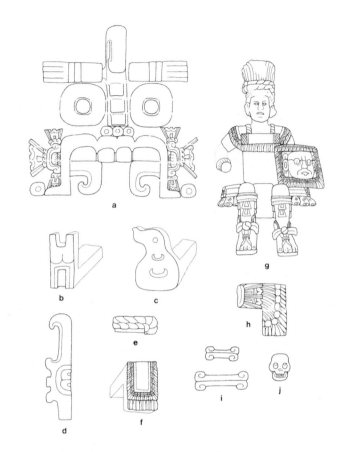

雕塑的正面图案来自 10L–26 号神庙和神庙的附属建筑（10L–230 号建筑）。a 为瞪大眼睛的"美洲虎－塔拉洛克"面具，口中是风扇的纹样；b 为风扇状飞檐；c 为断面贝壳；d 为风格化的贝壳；e 为捆绑俘虏的绳索；f 为长方形羽毛边盾牌；g 为统治者画像，左手持大盾牌（注意长方形的胸廓）；h 为扇形图案；i 为无肉骨头；j 为头骨。i 和 j 来自神庙的附属建筑，其余来自 10L–26 号神庙本体

考古学证据

　　考古发掘所发现的物质遗存往往支持上述解释。1987 年，大卫·斯图尔特在构成象形文字台阶基础的祭坛的下面进行发掘时，发现了祭祀台阶时放置在那里的祭品库房。这个库房出土了这座古城有史以来最精美的祭品，其中包括一些关于这座建筑及对纪念它的国王非常重要的线索。祭品被放置在祭坛正下方的石盖下，其中包括一个有盖的陶器（里面有两块翡翠）、一把披针形的燧石刀、一个贝壳、一些灰烬和炭，还有一些黄貂鱼尾刺和海胆的刺。在陶器旁边，小心地放置着 3 块精心削制的怪异的燧

石。这些被选取的陪葬品都具有很强的象征意义，可以与整个石碑的形象和信息联系起来。

这3块怪异的燧石是迄今为止发现的这种精美艺术品的最佳范例，每块燧石都展示了7个古典期玛雅人头像的轮廓。燧石呈披针形，从其探针的大小可以看出，它们被固定在某种柄上，很可能是长枪。制作这类物品所需要的技能超出了现在任何一个制作燧石的人，即使是在科潘这样的古典期玛雅城市，也一定是绝无仅有的。因此，携带这种长枪的人确实很杰出。（这些都是象征性的武器，配得上神勇的战士，我认为台阶肖像上的人物携带的长枪顶端就是这类物品。）

放在石香炉内的2件玉器是传世之作，它们的制作风格表明它们是公元四五世纪雕刻的。较小的一件是一尊迷人的人像，穿戴简单的布头巾和腰布。这大概是一个肖像人物，虽然我们只能推测他是谁。较大的一件是条形胸饰，横向钻孔，可以串起来戴在胸前。神庙里所有统治者肖像的胸前都刻有同样类型和大小的胸饰。看来，这件特殊的玉器很可能是碑上所描绘的一些祖先所使用的，因为烟雾贝壳将它放入库房时，它已经有300年左右的历史了。其他玉器也可能是这样，也可能不是。

象形文字台阶库房内的怪异的燧石

香炉、黄貂鱼和海胆刺、贝壳也可能与建筑本身的象征意义有关。黄貂鱼刺和海胆刺可能是在进行放血的祭祀仪式中使用的。这种仪式可能发生在埋藏物品的时候或接近埋藏物品的时候。这种放血仪式既与王室的祖先崇拜有关，也与"美洲虎－塔拉洛克"的战争和祭祀象征意义紧密相连。斯图尔特和席勒还注意到，台阶的底部本身就代表着一个精致的倒置的"塔拉洛克"的头。这些人物和整个台阶的铭文是从这个野兽张开的嘴里喷出来的，它的下颚在台阶的顶端。根据斯图尔特的说法，这些人物出现在活着的统治者的自我献祭所产生的幻象中。库房位于"美洲虎－塔拉洛克"的头颅内大脑所在的位置。因此，自我献祭仪式是产生异象的引擎。

最后，储藏室中的牡蛎壳上的刺象征着它在仪式上的作用。香炉中的灰烬和炭是焚香的残留物，也可能是溅有烟雾贝壳血迹的树皮纸。壳上残留红色的色素，在仪式中也被烟雾吞没。玛雅学专家埃里克·汤普森（Eric Thompson）一直坚持认为，玛雅人喜欢用双关语，烟雾贝壳的这个"烟雾贝壳"似乎就是其中之一。

10L-26 号建筑南侧加建的 10L-230 号建筑的图腾和遗物，进一步证实了祭祀的重要性。10L-230 号建筑上装饰着大量的人类头骨、100 多具无肉的人类肢骨和字形符号"na"（房子）的雕塑。在这个"人类肢骨和头骨之家"的大房间中央的地板上，发现了一个小香炉和一把断裂的怪异的燧石刀。虽然没有发现被祭祀过的尸体残骸，但这些物品表明，在这个建筑中确实发生过祭祀活动，它肯定与可怕的祭祀仪式有关，这里是祭祀、储存、肢解、防腐或用其他方式处理人类遗骸的地方。

10L-26 号建筑的最后一个有趣的方面是它的最终版本和其前身之间的显著对比。其早期建筑的重要部分被保留在最终完成的金字塔平台的填土中。最早的建筑虽然有一个象形文字的台阶——由翠·依赫放置在雅什·库克·莫的 9 伯克盾时期最后的石碑前——但没有像最终版本那样，建筑外侧也镶嵌象形文字。据我们所知，早期版本也没有统治者肖像。我们所知道的建筑下层的装饰包括非人类实体的石膏雕塑、"Gi"神的面具、重要的羽神以及横跨在帕帕加约神庙东侧的巨大鳄鱼。因此，这些早期建筑的下层结构装饰是以宇宙为母题的，与最终版本形成了明显的对比。

带刺的牡蛎壳，还有黄貂鱼和海胆的刺。像这样多刺的牡蛎壳经常被发现在与祖先有关的供品中，可能象征着充满水的冥界

　　这种意象上的戏剧性变化表明，科潘的第 13 任神王在以前的封臣手中丧生确实动摇了意识形态体系的根基，引起了以往模式的根本性变化。然而，当我们审视新得到的信息时，会发现它仍然是非常传统的：城市的力量在于超自然的力量和其作为武士统治者的现世力量。这是真正的复古主义的纪念碑，通过复述其伟大的祖先的形象、历史和荣耀，让这座城市回归其根源。

　　但是，我们对这些证据的解释的真实性问题在现代古玛雅学者中引起了分歧。许多学者对人们重新关注文字记录和国家艺术感到惋惜，坚持认为它们只是政治宣传，不应过分相信它们是事实。虽然象形文字台阶和 10L–26 号建筑（26 号金字塔）确实是令人印象深刻的复古主义神庙，但它也让人想起莎士比亚的那句名言，即"女人抱怨的太多"。如果科潘的国王都是伟大的战士，王朝的历史又如此显赫和宏伟，那又何必用这种纪念性的方式来赘述呢？

　　事实是，用来构成这座建筑的楼梯和外墙的填料是我们在王宫区中发现的最薄弱的：石头代替了泥浆，镶嵌在松散的土中，结合得很不完全。令人啼笑皆非的是，遗址中唯一坍塌的重要台阶竟然是统治者最希望永远保持的。尽管它是那么宏伟，但 10L–26 号建筑的考古数据表明，"ah holpop"和他们所代表的人对烟雾贝壳和其独特的纪念碑的支持并没有那么狂热。

从科潘和基里瓜的角度看古典期玛雅战争

基里瓜，是这一切的起源，也是这种浮夸行为的诱因。从莫利时代开始，学者们就认为基里瓜是科潘的殖民地，理由是两者的核心区域在布局上几乎一模一样。基里瓜沿着赋予它生命的河岸而建，也拥有一个大广场，有精致的石碑和祭坛，在它的卫城脚下还有一个球场。但是，请让我们结合近 30 年来史料学的突破所提供的新的历史信息来考察这两个遗址的相似之处。与其说基里瓜是科潘的殖民地，在某种程度上受其宗主的约束而不得不效仿科潘，现在看来更有可能的是，这种模仿是基里瓜的统治者考阿克·斯基为了超越他以前的科潘宗主而故意采取的策略。

这些相似之处是从中心的入口开始的。在科潘，遗址核心的东面入口恰好是通往拉斯萨普杜拉斯核心居住区的"铺面公路"（sacbe）的尽头。在这个十字路口，矗立着 J 号石碑，其西侧雕刻着一个坐垫图案，象形文字交织在两个独立的条状物上，就像被编织成一个垫子一样。这种王权的象征构成了一个恰当的标志，可以作为新上任的统治者在城门口放置的铭文。铭文记录了 18 兔子登基后的第一个时期结束，并构成了他在王宫区中的第一个纪念碑。在基里瓜，H 号石碑被放置在遗址核心的东侧入口处，据说莫塔瓜河上的独木舟港口就在这里。H 号石碑的东侧刻有席子纹，样式比科潘的 J 号石碑简单，但明显是仿制品。文中记录了考阿克·斯基即位后第一个时期的结束，这也是直接模仿科潘的例子。

大约 12 年后，发生了著名的俘虏和斩杀 18 兔子的事件，考阿克·斯基似乎从中获得了政治上的意外收获。他在他的大广场上竖立了许多纪念性石碑，并试图通过竖立一些有史以来最高的纪念碑来超越他已故的对手，例如，高 11 米的 E 号石碑。在其中一块石碑的底座上，考阿克·斯基写道，他"在 18 兔子的土地上"获得了权力，这表明在考阿克·斯基如此戏剧性地宣布他政治独立之前，基里瓜确实是科潘的臣属之地。他特意在他的大广场的纪念碑上 5 次引用了斩首日期，有一次甚至还在自己的头衔中插入了科潘的徽记。

　　围绕着大广场，考阿克·斯基似乎也开始了雄心勃勃的建设，现在回想起来，他似乎是想再建造另一个规模更大、更令人震撼的科潘：有一个大得多的大广场、更高的石碑、更大的动物形象的祭坛、大理石神庙和其他纪念碑。然而，没有证据表明，基里瓜在这一时期有来自科潘的任何大规模的货物或人口流入。"科潘多"彩陶是科潘河谷在18兔子时期或更早时期的主要出口产品，但在基里瓜，即使是在遗址的核心地带，它也极为罕见。同样，虽然基里瓜的人口在这一时期确实有了一定的增长，但却从未达到科潘的四分之一，而且定居形式仍然具有鲜明的地方特色。有一种可能是，以前属于科潘的一些土地在考阿克·斯基胜利后被他侵占了，但"科潘多"彩陶甚至出现在远在北边的莫尔哈河遗址——其比科潘更接近基里瓜，也是莫塔瓜河水运系统的一部分——表明两者之间的资源区仍然倾向于与科潘互动。

　　来自科潘和基里瓜的这些证据有力地证明，古典期晚期玛雅人战争产生的原因是物质激励，而不仅仅是敌对统治者之间某种形式的角逐。通过俘获并斩杀曾是他的主人的科潘王，考阿克·斯基获得了政治独立。他作为一个战士和领袖取得了成功，就像布兹·产进入拉文塔河谷，以及第3和第4代科潘统治者对基里瓜的进军可能是他们功绩的主要部分一样，看来对于古典期玛雅人来说，就像在历史上许多其他社会中一样，战争是一种高度紧张的政治控制机制。当人们看到科潘对耻辱性失败的浮夸反应时，除了发现作为伟大战士的祖先肖像外，还能有什么呢！

第 8 章　雅什·帕克统治下的生活

齐尼奇·雅什·库克·莫王朝的最后一位统治者是第 16 位统治者雅什·帕克，他的玛雅名字的含义是"初晓"。在科潘 8 号石碑上，我们发现碑文说他是来自帕伦克（位于现代恰帕斯州乌苏马辛塔河附近）的一位妇女的儿子。作为加强地位的一种手段，他的先王烟雾贝壳，娶了一位来自帕伦克王室的女人，以便为后代带来更多的威望。而他将成为科潘在方方面面最知名的最后一个王朝统治者。

雅什·帕克的文字记录是该城历史上最丰富的，这既反映了他在文学和艺术方面的成绩，也暗示了他的纪念碑实际上没有被任何继承者覆盖或掩埋。河谷内存在大量的文字和充满政治色彩的外墙雕塑，这些文字和雕塑既来自统治集团，也来自河谷内的贵族居住区。河谷内的碑文有助于我们了解雅什·帕克在动荡时期为维持其王国的团结而采用的政治赞助的方法。同样地，其他文本也阐明了科潘与内地农村地区的一些大型居住区的关系，特别是与洛斯希戈斯和阿玛里洛河的关系。除了文字之外，对河谷内聚落的研究也提供了大量铭文和图像上没有涉及的平民信息。事实上，考古学所提供的古代科潘社会和人口结构的全景，可以作为评估雅什·帕克统治时期的文化和政治变化的基本标准。

烟雾贝壳在他最后一座纪念碑 N 号石碑上的样子

雅什·帕克统治时期的聚落形态

对科潘河谷聚落形态的研究提供了大量关于雅什·帕克统治时期社会、政治、经济和宗教组织的数据。通过对古代聚落和其他文化特征的描绘，以及对有代表性的人口样本的选择性阐释，考古学家能够更好地把科潘当作一个城市来了解，而不仅仅是一个礼仪中心。

考古学家们对科潘谷地里 24 平方千米的区域进行深入调查，并详细绘制了所有可见的文化特征。除了古梯田、道路、外围石碑及其各自的台地等特征外，还找到并绘制了总共 3414 个独立的土墩遗迹。利用各种不同的方法，对科潘河谷的古代人口进行了一定的估算。调查发现，大多数的估算认为，河谷经过早期的一些明显的波动后在公元 800 年左右达到了人口高峰期，约有 2 万居民。

戈登·威利和理查德·利文撒尔早期的研究对河谷内的遗址进行了类型学分类，它区分了大型的贵族居住群体（类型 3 和类型 4 遗址）和较小的、不那么豪华的大多数人居住的群体（类型 1 和类型 2 遗址）。一些以拱形结构为荣的类型 3 遗址，偶有雕塑点缀，但类型 4 遗址的建筑数量最多，建筑风格最复杂——至少在王宫区两侧的人口稠密地区——居住历史最悠久。王宫区东边的萨普杜拉斯 9N–8 号建筑是类型 4 遗址的典范，其居住历史可追溯到前古典期早期，最后形成了一个规模宏大的古典期晚期的聚落群，其中有一座装饰华丽的建筑，是占据该遗址的家族族长的居所和神庙（见第 4 至第 6 章）。

总的来说，可以将公元 8 世纪晚期科潘谷地的聚落格局分为两个基本部分：一是人口密集的城市核心区（从王宫区到河流北部半径 1 千米范围内的土地），包含了山谷中大部分的贵族居住区；二是非城市或农村地区，随着与中心区的距离拉大，其人口密度逐渐降低。这很符合兰达主教对 16 世纪尤卡坦城镇的描述，也符合在尤卡坦北部古典期遗址泽比查尔顿的贵族阶层拱顶建筑的居住和分布模式。

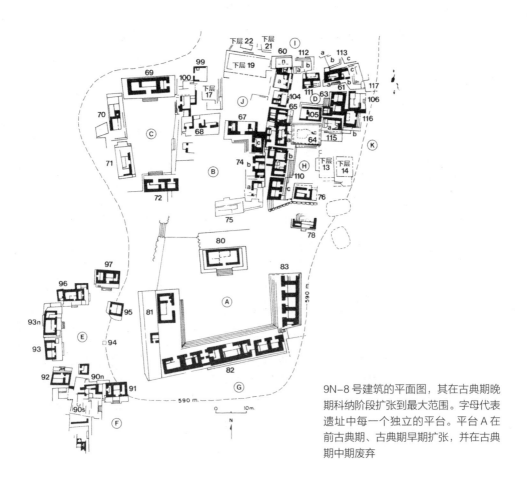

9N-8 号建筑的平面图，其在古典期晚期科纳阶段扩张到最大范围。字母代表遗址中每一个独立的平台。平台 A 在前古典期、古典期早期扩张，并在古典期中期废弃

在这些城市和农村地区，居住密度有很大的差异。例如，王宫区圈正北面的山脚下并没有像遗址核心东面和西面的冲积谷地那样表现出许多可见的建筑。出于这个原因，桑德斯认为这一部分属于"亚城市边缘地区"，然而，由于遗址废弃后的水土流失，这一地区的许多古代聚落被厚达 2 米的土层覆盖，目前的景观可能无法准确地反映出原来的居住密度。铺面公路的发现和几处类型 3、类型 4 遗址的存在也证明了其城市地位，我认为这一地区属于城市的核心区。我们还知道，目前科潘的瑞纳斯（Ruinas）村所占据的大面积冲积扇地区，按上述标准应被视为农村，但实际上在古代就有密集的

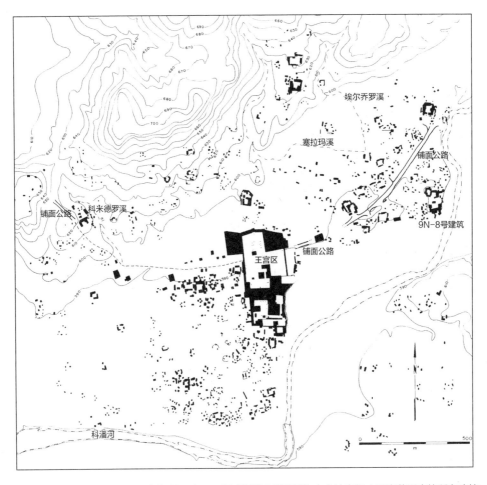

古代科潘的城市核心区地图，包括以王宫区 A 号球场第三期建筑为中心的半径 1 千米范围内的所有建筑

人口，包括金字塔建筑、众多的雕刻和雕塑纪念碑。实际上，据年长的村民说，在 19 世纪和 20 世纪之交时，尽量找一个没有土墩的地方是决定在哪里建房的一个因素！然而，村庄的快速发展已经将所有古典期晚期的建筑从现代景观中剔除，莫利和朗伊尔的地图只记录了有纪念性建筑的地区。在科潘河谷的乡村地区，存在几处大型遗址和一些密集的居住区，至少 2 处遗址里有精致的雕塑 [拉斯特洛洪（Rastrojon）和奥斯特曼（Ostuman）]。

古代城市的内部结构

两条铺设好的道路通向王宫区，一条在东面，连接一个类型 4 遗址，该地点是萨普杜拉斯区的东部边界；另一条在西面，连接一个类型 4 遗址，该地点是科米德罗区的西北边界。然而，除了这些道路之外，没有任何迹象表明河谷中的居民区和外围神庙的布局以及建设有进行过任何形式的集中规划。科潘肯定没有任何近似于系统规划的概念：各个区域的布置都呈现出一种杂乱无章的感觉。

为了试图从这种看似混乱的局面中发现规律，以解释古典期晚期的科潘河谷的聚落形态和制度，我曾类比人类学证据。最好的参照对象似乎是乔尔蒂人，他们现在集中居住在危地马拉东部，是古典期玛雅东南部居民的后裔。乔尔蒂人的居住环境与古代科潘人相同，并在物质和精神领域显示出对祖先文化的传承，查尔斯·威兹德姆（Charles Wisdom）在他的专著《危地马拉的乔尔蒂印第安人》（*The Chorti Indians of Guatemala*）中记录了这一点。该地区在地理位置上与科潘谷地相邻，包括科潘河谷的下游，然后到达莫塔瓜河。该地区的地形相似，季节性和永久性的河流纵横交错地穿过山脉和起伏的丘陵。

关于乔尔蒂人，威兹德姆发现了一系列城镇和位于城镇之间的子社区。这些子社区被称为"sian otot"（许多房屋），其中的一个区域称为"ta sian otot"（许多房屋的地方）。每个子社区都是由一些一定程度上可以自给自足的家庭组成的，每个家庭都有自己的房屋群和周围的玉米田、花园和果园。每个子社区占据一个单一的地理区域，并认为该区域内的所有土地和资源都是它自己的。婚姻一般存在于同一个子社区的成员之间，因此其中的大多数人都有婚姻关系或血缘关系，或两者都有。每个子社区有大约 25 个家族，由 60～80 户组成。不过威兹德姆也指出，有些子社区的规模是其他子社区的三四倍。在子社区内，家庭往往以小群体的形式聚集在一起，使得有大片区域几乎无人居住。子社区内没有正式的场地规划或布局，也没有任何可以称为街道或中心广场的地方。连接不同住户和家庭的小路只是在前往其他子社区的路上蜿蜒而过，而家庭的位置也尽可能地靠近这些小路。

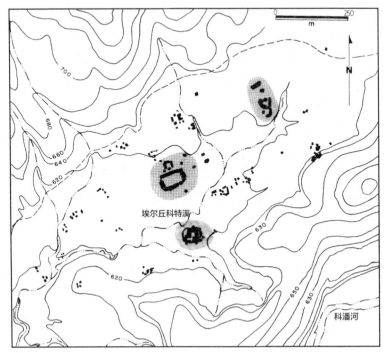

奥斯特曼的子社区的平面图，阴影表示一组类型3和类型4遗址点

可以在科潘谷地地区的晚期典型聚落中识别出这些可能与乔尔蒂类似的具体社会地理单元。第一个被确认的单元是威利和利文撒尔定义的萨普杜拉斯区，包括一些沿城市东部铺面公路两侧布置的聚落群。另一个是埃尔博斯克区，就在王宫区的西边。第三个与遗址核心相邻的是它正北面的大片山麓。现代村落所占据的冲积扇构成了第四个非常大的子群。其余16个在科潘谷地中被定义的子社区，则更接近威兹德姆对现代乔尔蒂的描述。这20个子社区各占据了科潘谷地的一个互不相关的地理单元，如利文撒尔描述的溪谷地区，以及B. L.特纳和哈佛生态小组与PAC I项目界定的奥斯特曼和帕塔皮拉（Petapilla）的山内河谷地区。

令人相当感兴趣的是，尽管较小的子社区都以类型2遗址为核心，但许多被认定的子社区都以一对大遗址为中心，一般是类型3和类型4遗址。回到乔尔蒂的情况，威兹德姆记载，通常两个家族通婚是一个家族的子女与另一个家族的同代子女结婚（不过也有例外）。威兹德姆指出，这种亲属关系制度符合以兄弟姐妹和堂兄弟姐妹交换为基础的婚姻制度。古代科潘谷地发现的考古证据似乎也暗示着类似的制度，即两个大家庭之间的婚姻纽带，类型 3 和类型 4 遗址代表了家庭中最古老的部分居住地，类型 1 和类型 2 遗址则是那些分散在子社区中更小的部分。正如利文撒尔所指出的那样，这些大型遗址大概包含了河谷中各自最重要的家族神庙，这不仅提升了它们在各自子社区中的重要性，而且提升了它们对于整个科潘城镇的重要性。

这种古代子社区的"有机增长"模式得到了以下事实的支持：较大的遗址通常比较小的遗址有较长的年代序列。同样，在古典期，河谷内人口的有机增长似乎是从北部的洼地开始的，从河谷的东部，扩展到王宫区北部的山麓地区（包括现代村庄所在的地区），并从那里再扩展到更远的溪谷地区和山地河谷。最后，随着人口的增加，科潘河支流形成的肥沃的冲积平原被占据，科潘谷地里的可耕地在城市发展过程中被吞噬。

城区内的经济专业化

许多社会学家和人类学家追随路易斯·沃斯（Louis Wirth）的观点，给城市定义了 3 个明显的特征：人口规模大；人口密集；内部异质性强。虽然在雅什·帕克统治下的科潘有前 2 个特征，但仍然有许多关于内部异质性程度的讨论，特别是在不同子社区内部和彼此之间的经济专业化方面。科潘谷地的乡村子社区在附近有足够多的可耕地，可以在农业上自给自足。而构成科潘城市核心的 3 个社区的情况可能不一样，在那里，更多的土地被用于建设而不是耕作。毫无意外的是，在城市的核心区，我们发现了不同种类的专业人员的考古证据：碑刻师、贝壳工人、球员等。我们还没有发现任何窑炉或其他陶瓷生产区的证据，然而大多数学者都认为科潘在这个领域的生产力水平很高。

随着"科潘多"彩陶作为一种珍贵的商品出现——其在科潘河谷所有经济阶层的家庭中都能找到——科潘被认为已经成为其生产和再分配的区域中心。罗纳尔·毕肖普（Ronald Bishop）的中子活化分析表明，用于生产"科潘多"彩陶的黏土应该来源于科潘河谷的某个地方。根据这种推论，科潘被认为参与了与之相邻的东南周边玛雅地区许多地方的贸易，即便不是主导者，但在这些地方发现"科潘多"陶器的频率最大、种类最多。亚瑟·德玛雷斯特（Arthur Demarest）对此做了进一步的研究，他认为，通过收购和重新分配"科潘多"陶器，以及到科潘朝圣，萨尔瓦多西部、洪都拉斯西部和中部的其他新兴或成熟的贵族阶层，能够通过与科潘王室的接触和效仿来加强自己的地位。这个想法在科潘得到了很强的支撑，考古发现那里有很多与东部和南部的非玛雅人接触的证据。

在整个科潘谷地的发掘中，发现了大量的洪都拉斯中部的乌尔乌（或乌尔乌阿－约加阿）的彩陶和完整的器皿。它们并不限于精英阶层使用，甚至也不局限于墓葬，而且出现在谷地外围最简陋的土墩的泥土中。因此，与南部和东部地区的交流导致了大量彩陶的进口，此外科潘可能还进口了其他商品。桑德斯在 PAC Ⅱ 项目工作期间，安德里亚·格斯尔（Andrea Gerstle）和大卫·韦伯斯特在 9N–8 号建筑发掘了一个院落，它可能是来自洪都拉斯中部的移民居住的地方。这个 D 号院落似乎为公元 8 世纪科潘的顾客－客户经济体系提供了有力的证据。在这里发现的乌尔乌阿彩陶比在河谷中任何地方的都要集中，而且在这里还发现了一个独特的非玛雅文化（中美洲下层）的三角磨石——与在科潘地区发现的其他石器都不同。

一些独特的建筑形式和埋葬方式也表明 D 号院落的居民并非来自玛雅文化区。该家庭或集团显然附属于拥有并居住在 9N–8 号高大台基建筑之上的土著贵族阶层。他们似乎不被安排在社交圈内，因为从 D 号院落到遗址的中心部分没有直接的通道。由此得出的结论是，D 号院落的居民是依附于书写者的，并与长期占有土地的贵族共同生活。

9N–8 号建筑经济专业化的另一个证据是兰多夫·维德玛（Randolph Widmer）在 9N–110 B 平台 H 中发现的贝壳工场，该建筑紧邻 D 号院落，地板上有被制作成装饰品的贝壳碎片，其中包括一个破碎的挂件，与附近书写者家族的象形文字柱子上所描绘的非常相似。除了贝壳之外，还有无数用于制造贝壳装饰品的黑曜石工具的微小碎片。维德玛认为，这种制作完全是为了本地使用，并不构成专业化的证据。杰克·马洛里（Jack Mallory）也得出了同样的结论，他在王宫区东北的拉斯特洛洪山上的一个村落遗址中也发现了大量的黑曜石残片。无论在那里进行的是什么活动，马洛里的结论是，这是临时性的，甚至可能是季节性的，并不表明有任何职业化。

关于古典期玛雅城市经济专业化程度的争论仍在继续——考虑到有可能在考古发掘中发现专业化证据的家庭遗迹的缺失，这种说法是正确的。而问题之所以复杂，是因为许多已知在中美洲最珍贵的商品——例如纺织品——都是易腐烂的，不太可能在热带地区的考古记录中留下任何直接证据。我们现在可以认为，9N-8 号建筑有专业人员，包括贝壳工、至少在书写者家族任职两代的碑刻家，以及可以接触到进口彩陶和其他器物的 D 号院落的非本地居民。他们在各自的专业领域投入了多少时间，这可能是一个永远无法解答的问题，但通过对科潘和其他玛雅类似背景的遗址发掘后进行研究可能会有所收获。

鉴于商人在阿兹特克社会中的重要作用，以及开始于中美洲前古典期早期的长途贸易网络的证据，似乎也有理由期待商人可能是古典期科潘社会的重要成员。值得注意的是，虽然来自东南周边其他产区的彩陶在科潘河谷广泛地分布，但从其他玛雅低地中心进口的彩陶却极为罕见。已发现的彩陶，要么来自王宫区，要么来自科潘城市核心区的贵族群体。德玛雷斯特提出的地位强化模式也可能适用于科潘贵族阶层，他们通过收购玛雅低地的古典器物来巩固自己的尊贵地位。

科潘河谷的政治赞助

河谷中重要世系的首领与科潘最后一位统治者之间互动的象形文字证据揭示了王室赞助的存在和其背后的重要性。我还认为它们提供了集权统治在其消亡前已明显削弱的证据。对统治者在其最重要的臣民的壁炉前的公共行为的描述被刻在石头上，在考古记录中留下了清晰的印记。

1977 年在 CV-43A 号建筑里发现的象形文字石凳是贵族家族与王室之间互动的第一个证据。CV-43A 号建筑位于萨普杜拉斯区一个大型类型 3 遗址的南端，其完整的象形文字铭文证明了最后两位科潘统治者对居住在这里的居民的福利的关注。彼得·马修斯已经破译了该文本的第二个日期、其伴随的行为以及该事件的主角，它们分别是 9.17.10.0.0 12 阿哈瓦 8 帕克（Pax）（公元 782 年）、"割礼"和雅什·帕克。随后弗洛伊德·劳恩斯伯里、席勒、斯图尔特和斯蒂芬·休斯顿对这一文本的研究结果是，将第一个日期额外解读为 9.16.10.13.10　11 欧克 13 帕克（公元 761 年），并正式承认统治者烟雾贝壳（在那一天执政）指定 CV-43 号建筑的首领为他的"阿库纳"（"ah k'ul na"）或朝臣。休斯顿和斯图尔特指出，这个同样的头衔也是雅什·帕克给 9N-8 号建筑的首领的，正如 9N-82 号建筑的象形文字石凳上所注明的那样。在 CV-43A 号建筑的填土中放置了一个有异国情调的长方形香炉，雅什·帕克随后用"割礼"仪式为其献礼。以这样的方式，第 16 王在他们的院子内举行了象征一个时代结束的仪式，通过记录他自己在那里的行动来使纪念碑神圣化，同时也延续了他的前任烟雾贝壳对当地血统的重视。

1981 年，在萨普杜拉斯区的书写者庭院（9N-82 号建筑）发现了另一个更加复杂的象形文字石凳。如上所述，这个特殊世系的首领据信拥有足够的土地或其他财富来源，以吸引直系家族以外，甚至是科潘河谷以外的居民到他的居住区中来。在他的核心圈子里，至少有 2 个人有足够的地位，可以在自己的建筑上进行雕塑装饰。B 和 C 平台最大的建筑都有雕塑装饰，包括 C 平台 9N-69 号建筑的外立面上的象形文字。但 9N-82 号建筑显然是首领的居所，它的雕塑为我们提供了一个宝贵的记录——他的家族与雅什·帕克的互动。

建筑上的铭文包含 16 个完整的象形文字，由 6 根刻有"亚特兰蒂斯"人物形象的柱子支撑。文字的开头是一个属于雅什·帕克统治时期的日期，后面是动词和主角的名字。动词包含复合词"yotot"，其意思在抄本中早已被确认为"在房子（或神庙）里"。那么，这个事件就发生在建筑内，并被认为与建筑本身的祭祀有关。主人公的名字——马克·查努——并没有出现在王室的任何记述中。他唯一已知的其他事件出现在 W 号祭坛的铭文上，该祭坛最初被放置在这座建筑的前面。主人公名字后面的字符的意思是"母亲的孩子"，母亲被确定为纳·金·阿哈瓦夫人。在母亲的名字后面是父亲的名字，这是指儿子是父亲的"继承者"（作为一个碑文家；见第 6 章）。文本末尾的最后一个条款被休斯顿和斯图尔特解释为马克·查努是雅什·帕克的臣子，雅什·帕克被任命为现任国王。建筑的正面和石凳上的肖像、早期建筑内的父亲的墓葬和他的守护者雕像，以及石凳上的铭文本身，都表明科潘的贵族对祖先和血统的崇拜，并为自己的荣誉和奉献精神雕刻纪念碑。

　　一个更突出的关于居住在王宫区之外的精英重要性的例子，来自已被现代村落覆盖的遗址——莫利的"第九单元"。T 号祭坛和 U 号祭坛都是在这一地区发现的，而且人们早就知道雅什·帕克的 1 卡盾的周年纪念日（9.17.12.5.17）记录在 T 号祭坛上。这个人的名字有一个交叉的带状标志、天空和一个骷髅头的字形——碑文读作雅浩·产·阿·巴克（Yahau Chan Ah Bac）——其名字与 9.18.5.0.0（公元 795 年）时代

来自 9N–82C1 号建筑的刻有象形文字的石凳，其中记载了住在那里的马克·查努的家谱，以及他作为第 16 代统治者雅什·帕克的臣子的地位，这 16 个象形文字，代表了现存最好的玛雅象形文字书写艺术

的结束以及发生在该日期 5 年内的就职或"就座"事件有关。他所担任的职务不是国王，他的亲子关系描述表明他是雅什·帕克的母亲（来自帕伦克的女人）的儿子，但可能是由不同的父亲所生的（可能是在烟雾贝壳于公元 763 年去世后）。铭文表明，他是一位有资格携带科潘标志的领主，但他在雅什·帕克的领导下任职。

卫城以南的"墓地"地区最大的建筑是 10L–32 号建筑，这是一座拱形的砖石建筑，外墙装饰着精致的雕塑，旁边有 2 组象形文字。其中一座被称为"F 号祭坛"的祭坛提到查克与 9.17.4.1.11　2 楚恩 4 伯普（公元 774 年）的献祭有关，以及他"在雅什·帕克的领导下'就职'一个非王室的职位"。杜兰大学中美洲研究所的 E. 威利斯·安德鲁斯（E. Wyllys Andrews）在附近发现的另一个祭坛也提到查克与雅什·帕克的一次流血祭祀事件有关。在这一点上，有的铭文学家认为查克是雅什·帕克的兄弟姐妹，而有的铭文学家则认为 10L–32 号建筑和安德鲁斯的新祭坛是献给作为玛雅雨神的查克的。如果查克原来是雅什·帕克的兄弟，那么这座建筑与卫城的接近程度，以及碑文的描述将构成他在第 16 王统治期间的重要性的公开表达。持续的研究可能会进一步揭示他的活动和作用。

现在看来，在公元 782 年，雅什·帕克专心致志地在整个河谷中确认他的权威，包括允许他的下属竖立碑文来强调他们与他的关系。此外，在石凳和神庙表面描绘帕乌阿吞斯（Pauahtuns，玛雅神话中的 4 个基点的大地守护者）和双头怪兽，表明人们努力将每条贵族世系锁定在更大的宇宙以及当地的世俗秩序中。书写者（字面意思是"站起来"）和帕乌阿吞斯意味着雅什·帕克似乎是将河谷中的土地贵族视为社会的支柱，他们被允许披上超自然权威的外衣，以确保他们对科潘王座的持续忠诚和进贡。

从这些考古和碑文数据中可以看出，科潘的政治组织具有重要意义。值得注意的是，9N–8 号建筑和 CV–43 号建筑的铭文石凳上都没有使用"holpop"（波波尔纳、"议事屋"或"社区之家"的首领）、"bacab"或"sahal"（战争首领）等头衔。同样地，这 2 个铭文都没有提到任何出现在 22A 号建筑外墙上的非历法、世系或超自然的守护神图案。这似乎表明，这 2 座住宅院落都不是"议事屋"代表的居住地，这进一步暗示

在 10L–22A 号建筑内发现了一块刻有铭文的石头，该铭文中提到了雅什·帕克以及他的两个兄弟雅浩·产·阿·巴克和雅什·卡姆雷（Yax Kamlay）。他们 3 个人的头衔上都有科潘的标志，至少表明第 16 位统治者在一定程度上与他的兄弟分享了权力。这块石头出现在"议事屋"中，凸显了这两个人在雅什·帕克的政治计划中的重要性

了"阿库纳"的头衔是比"议事屋"代表低一级的。因此，公元 8 世纪科潘的政治等级结构似乎分为 4 层。最上层的是统治者和他的直系亲属，通常从他们中挑选王位继承人，国王的兄弟被指定为特定地区的头领。紧随其后的是"holpopob"或"batabob"，他们在"议事屋"中担任代表。接下来是"阿库纳"或"朝臣"——被认为是朝廷成员的土地贵族，但他们在议会中并不扮演重要角色。而在最底层的是平民百姓，他们并不能为自己的荣誉刻写碑文。这 4 个层次很符合大多数人类学家所遵循的国家级组织的定义。

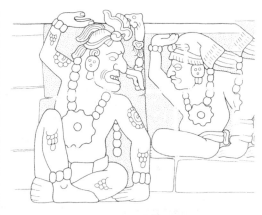

（上）来自 10L–32 号建筑的南外墙的人物肖像，
由芭芭拉·费什在沙盘中重建，最初至少有 4 个这
样的人像装饰了这座建筑，还有许多其他的图案

（右）来自 9N–82C 号第一期建筑中的帕乌阿吞
斯人像，左边人物肩上的网袋头饰（pauah）和
石头符号（tun）表明此人是负责维护地面的神灵
之一［注意向上举起的手，支撑着代表着地面的
萨乌里安（saurian）神的腹部鳞片］

（下）10L–32 号建筑，1990 件石雕经由科潘卫城
考古项目修复，该建筑的上部最初有着大量精心
制作的雕塑

与内地的关系

在科潘河谷之外，洛斯希戈斯和阿玛里洛河遗址也发现了当时雕刻的纪念碑，莫利认为这些遗址依附于科潘，并成为它的前哨或者卫星基地。最近，加里·帕尔（Gary Pahl）认为这2处遗址的纪念碑上记录了一些可能不属于科潘的徽记图案，这表明这些精英试图建立独立于科潘的自己的领地。这2处遗址都位于大片肥沃的冲积平原的边缘，如果能吸引大量的劳动力，它们很可能已经开始独立繁荣。不过，在洛斯希戈斯和阿玛里洛河发现的马赛克雕塑和科潘的雕塑风格非常相似，令人印象深刻。另外，阿玛里洛河的1号祭坛引用了科潘的图案，而宾夕法尼亚州的研究团队的调查工作已经表明，阿玛里洛河河谷一直以来都没有大量的常住人口。最后，斯图尔特对帕尔认定为阿玛里洛河标记的字形表示怀疑；它和所谓的洛斯希戈斯徽记可能只代表头衔，而不是独立政治实体的名称。

中村慎一（Seiichi Nakamura）和他的同事们在科潘以东60～70千米的拉恩特拉达（La Entrada）地区的几个地点发现了镶嵌雕塑的外墙。在对它们进行观察时，人们会因它们与科潘镶嵌雕塑的相似而震惊。在其中一个有雕塑的遗址——位于佛罗里达河谷的埃尔阿布拉（El Abra），发现了一座墓葬，里面有一个光滑的瓶子，上面精美地雕刻着来自科潘的铭文。铭文中列举了一个"历轮"中的日期、一个当地人的名字（可能是墓主），以及其与科潘国王雅什·帕克的关系。墓中还有一个"科潘多"的圆柱形瓶子（明显是从科潘进口的）和一个乌尔乌阿的彩陶瓶（显示出与洪都拉斯中部的关系）。所有这些数据都表明，科潘以东的精英们效仿雅什·帕克的宫廷，在某些情况下还与之直接联系。

当然，洛斯希戈斯的1号石碑上当地统治者的突出表现表明，该遗址至少在政治上脱离了科潘的控制。科潘正在失去对腹地的控制力，以及这些地区一直以来所提供的贡品。

雅什·帕克统治下的卫城

那么，雅什·帕克是怎么对待他自己在卫城的、象征他自身的权力与权威的纪念碑的？雅什·帕克作为一个统治者，不是通过竖立数量众多的石碑，也不是通过建造一个大广场来容纳这些石碑，甚至不是通过建造一个宏伟的铭文阶梯来突出自己的。相反，他力图通过对卫城的 2 座主要神庙——10L–11 号和 10L–16 号金字塔形建筑的大规模修缮来建立自己的权威。从 10L–21A 号建筑刻有象形文字的石凳上，我们知道他于公元 771 年在 10L–22 号建筑神庙的东侧建造了该建筑，以此来为这座仍然受人尊敬的"圣山"加盖自己的印记。

在雅什·库克·莫的时代之前，10L–11 号建筑一直在科潘遗址中占有重要地位，实际上，第 7 位统治者在通向他所建造的 10L–11 号建筑的象形文字台阶上雕刻了精美的"头部变体"文字，指定它为雅什·库克·莫的祖屋。在他修建后的 10L–11 号建筑中，雅什·帕克试图超越他所有的祖先，在其下方建造了一座规模空前的双层神庙，其台阶比科潘的任何建筑都要庞大且令人印象深刻。地表上有 3000 多块雕塑碎片，在其东、西、北三面未发掘的部分可能还有 3000 多块。

这座 10L–11 号神庙的外墙有着玛雅地区有史以来最大的拟人雕像，包括 2 个巨大的书写者或帕乌阿吞斯雕像，它们分别装饰在建筑的西北角和东北角。普罗斯科里亚科夫第一个注意到这里有许多来自一条巨大鳄鱼身体的碎片。雅什·帕克 10L–11 号建筑的北面立面表现了 10L–22 号建筑内室所描绘的宇宙图的一个放大版。同样，其所传达的信息是，统治者是唯一能够控制宇宙中所有超自然力量的人，他是唯一能够为他的人民提供福祉的人。有 4 个门道通向建筑的上层结构，每个门道都在最关键的位置。在每个门道的两边都有一块象形文字石板，上面详细介绍了雅什·帕克统治初期的重要仪式和政治事件。诸如他的登基日期、金星两次作为晚星出现、公元 771 年该地区可见的一次日食、他在"议事屋"所引用的一个地点举行的仪式，以及其他事件，都被记录在 11 号神庙的石板上。尤其令铭文学家们欣喜的是，每个门口右侧面板上的字形都是以镜像形式雕刻的。这种方法在其他古典期的玛雅遗址中也被采用。

10L–11 号建筑的南侧，观礼台位于建筑的底部，与卫城西庭院的地面相接

正如 10L–11 号建筑更加的公众化，北侧被设计成模仿 18 兔子的 10L–22 号建筑的内室，而雅什·帕克的另一个主要的卫城神庙 10L–16 号建筑，被设计成模仿烟雾贝壳的 10L–26 号建筑。10L–16 号建筑横跨卫城中心的东庭院和西庭院，是这个重要建筑群的支柱。同样，该建筑也存在早期阶段的遗存，重建过程反复进行，其中一个时期的建筑前被布兹·产选择放置 P 号石碑。雅什·帕克时期的这个神庙是一个相当恐怖的场所，很显然在内容上以及大概在目的上表达祭祀性。

这个神庙的母题与 10L–26 号建筑及其神庙附属建筑（10L–230 号建筑）的母题相同：祖先是战士（配有盾牌和绳索），周围有"美洲虎 – 塔拉洛克"意象，并由一群人头衬托。（当然，在格式和布局上有所差异，但在母题上没有差异。）

（上）来自 10L-11 号建筑东北角
的帕乌阿吞斯的头，其和它的同伴
（下图）是在科潘发现的最大的人形
雕塑，高 80 厘米

（下）从 10L-11 号建筑西北角跌落
的帕乌阿吞斯的头，一直滚落到金
字塔形建筑基座的底部（P52 图），
因此它的保存状况不如它的同伴

177

在 10L–26 号建筑上，烟雾贝壳曾建造了一个象形文字台阶和神庙，用来描述他的王室祖先。在 10L–16 号建筑上，雅什·帕克创造了 Q 号祭坛，用一种更紧凑的形式来表达同样的东西。他的 15 位祖先都被描绘在祭坛的两边，按时间顺序，坐在刻有他们名字的石刻上，雅什·帕克本人的名字显示在他登上科潘王位的日期上。这个想法似乎暗示着在他成为国王的那一天，雅什·帕克象征性地与他的王室祖先们交流，祖先们给予他祝福。而在 10L–11 号神庙内室的雕刻阶梯上，也描绘了这一主题。这个信息显示雅什·帕克的合法继承人的身份给予了他超自然的力量和世俗权威。

作为 Q 号祭坛随后的祭祀仪式的一部分，雅什·帕克在祭坛东边的地下砖石墓室中摆放了一份特别的祭品：15 只美洲豹，他的 15 位王室祖先每人一只。美洲豹被认为是人间和冥界的媒介，也是古代玛雅王室的保护者和象征。即使是这种令人惊叹的权威展示——猎捕 15 只美洲豹一定不是一件容易的事——也暗示了一个隐忧：其中有 2 只美洲豹幼崽。森林正在逐步消失，以至于雅什·帕克只能选择不那么优质的祭品。

10L–26 号建筑上的人物肖像在"美洲虎 – 塔拉洛克"形象的背景前显得十分巨大。而 10L–16 号建筑上的则相反，在楼梯的中轴线上，没有祖先的肖像，而是世界上最大的"美洲虎 – 塔拉洛克"形象，其被绳索捆住，站在一大堆人头骨上（让人想起 10L–230 号建筑结构的装饰）。在 10L–16 号建筑中仅有一个尺寸的人像，而不是 10L–26 号建筑中的 2 种尺寸大小；但有 6 种不同类型和尺寸的塔拉洛克头像，其中至少有一个带有绳索。因此，10L–16 号建筑似乎是科潘有史以来建造的最血腥的一座神庙，其目的是让那些看到它的人产生敬畏、尊重，甚至恐惧。

在公元 800 年，雅什·帕克设计了第 18 号神庙，这是一座与东部庭院的祭祀广场明显分开的小型建筑。建筑物上最重要的装饰在两对门框上，其雕塑是浅浮雕的，这并不是让它从远处就可以被读到而设计的。其上呈现的日期并不是结束日，图腾是战争和俘虏祭祀的图标，呈现的方式非常夸张醒目。与之前的卫城神庙相比，该建筑的规模较小，这意味着其缺乏宏伟的建筑规划，甚至有人将其解释为用于雅什·帕克葬礼的神庙。这位统治者被明确地描述为战利品的持有者，这似乎表明他试图在他已知的最后的建筑上增强他作为武士的权威。我们已经注意到，10L–26 号建筑上对武士图腾

位于卫城中心的 10L–16 号建筑，在进行科潘卫城考古项目期间被调查及修复。在中央楼梯的底部可以看到 Q 号祭坛

的强调，不是因为实力，而是因为 18 兔子死后的虚弱。同样，雅什·帕克的最后一座神庙的特征也表明，实际上他的权威在他统治的晚期正逐渐减弱。

崩溃的序章

考古记录表明，在雅什·帕克统治时期，科潘的规模和复杂程度不断增加，符合大多数前工业化国家中对规模、等级结构和组织的定义。事实上，城市发展到这样的规模，已经达到了科潘谷地 24 平方千米地区内的农业承载力，人们开始为自己过度的开发行为付出代价。山谷中最肥沃的冲积平原土地大部分被聚落占据，而次好的土地——高高的河道梯田和平缓的山麓——也在迅速地发生着同样的变化。因此只剩下山坡，但是可用于粗放式农业的表土层很薄，这也导致了长期恶化的生态后果。斯托利对人类遗骸的分析表明，在公元 8 世纪末，大多数人口——包括城市和农村人口——都有疾病或营养不良，或者两者兼有。

科潘最终为自己的成功付出了代价，因为在公元 822 年雕刻了最后一座纪念碑——L 号祭坛之后，集中统治的权力机构崩溃了，留在山谷中的居民照顾自己的财产，并继续按以往的方式生活。区域内的景象显示了南部和东部竞争者的人口和政治势力的扩张，这些集团可能一直在侵占以前由科潘主导的贸易模式。简而言之，即使对于雅什·帕克这样一个精力充沛的统治者来说，这也是一个严峻的消息。

9.19.0.0.0（公元 810 年），被称为杰德·斯基（Jade Sky）的基里瓜统治者在他的卫城 1-B-1 号建筑上记录了一个铭文，称雅什·帕克在那里举行了一个"割礼"仪式。这段文字会让我们相信，科潘和基里瓜的统治者放下了之前的恩怨，在这个最后的时刻联合起来。但在这座建筑的纪念活动之后，基里瓜再也没有竖立新的铭文石碑，这说明基里瓜此时也遭遇了政治危机。

10L-18 号建筑西南侧的人像石板，展示了第 16 代统治者挥舞着长矛，雅什·帕克的名字出现在他右手的正前方

雅什·帕克的遗产

在政治结构和文化演变方面，雅什·帕克的纪念石碑让我们对古典期玛雅文明有了一些认识。也许最令人激动的是 Q 号祭坛，它为雅什·库克·莫王朝的所有成员提供了一个恰当的纪念地，也体现了对王朝延续的重视。第 16 代统治者在自己登基之日，象征性地接受了所有杰出的先王的祝福，这实际上是由创造者本人颁发的接力棒。社会其他阶层参与政治秩序的必要性，体现在河谷中国王的兄弟——包括治理现代村落地区的兄弟——和其他贵族制作的大量铭文和图画雕塑上。在"议事屋"中放置了一篇引证雅什·帕克和他的兄弟雅浩·产·阿·巴克与雅什·卡姆雷的碑文，预示着为王国的部分地区分配权力。如果考虑到"议事屋"的外墙上只有 8 位领主，而在科潘河谷里至少有 20 个子社区（以及几个外部的主要城镇），就不难理解为什么雅什·帕克要把更多的权力下放给他最亲密的同伴。

同时，城市的长期扩张成功地孕育了一系列保守的政治结构无法应对的社会经济问题。历代统治者及其非王室后裔家族特权的延续，以及其他贵族对其生活方式和地位的效仿，导致了一个头重脚轻的制度。对古典期玛雅统治者的个人魅力和作为的强烈依赖，以及相对落后的脱离亲属关系的等级制度，意味着很难满足玛雅城邦竞争中非王族派系的需求。雅什·帕克针对这一问题所设计并实施的改革，表明他愿意（也可以说是需要）与古典期晚期科潘社会的重要成员进行权力分享。遗憾的是，他的努力主要是建立在自己的威望、为下属举行"割礼"以及房屋祭祀仪式的基础上，没有充分利用制度来抵挡导致科潘王朝消亡的力量。

第 9 章　政治的崩溃及余波

仅问它为什么毁灭是不够的，它为什么未能恢复才是这个谜题的关键。

关于科潘的"古典期玛雅崩溃"问题

也许在新考古学领域，没有比玛雅文明崩溃的原因更能吸引学者和大众的关注的问题。这个问题并非玛雅人独有的，但也许因为热带雨林对古典期中心区域的侵占，以及这些"失落的城市"的实体的消失，它们的情况被许多作家强调，并在一定程度上被神秘化。帕特里克·卡伯特（Patrick Culbert）在 20 世纪 70 年代初组织的美国研究学院的专题讨论会，试图通过设计一个明确的模型来解开这个谜团，并为进一步的数据收集和比较研究划定了范围。研讨会的共识是，内部因素，特别是那些与卡伯特所说的"生态超限"和精英阶层日益增长的寄生作用有关的问题，是公元 9 世纪中南部玛雅低地城邦的社会、政治和人口崩溃的主要原因。迪米特里·施恩肯（Demitri Shimkin）指出热带雨林环境中城市内传染性疾病的重要性，并阐释了将玛雅人的情况与来自类似环境的其他文化，特别是东南亚的文化进行比较的效用。研讨会上的其他人强调，长期建立的贸易路线被外来者破坏，也是导致系统内部失调的一个关键因素。

以科潘为例，公元 7 世纪和 8 世纪人口数量的急剧增加给社会政治制度和环境带来了越来越大的压力。在这里，我们将研究日益相互依存的政治经济系统是如何失败的，以及长期生态恶化、人口下降和最终废弃该地区的证据。到1979年第一阶段研讨结束时，我们已经成功地找出了衰落的主要因素，且大大缩短了其衰落所经历的时间。至少我们中的一些人当时还很谨慎地哀叹"缺乏细致的关于古典期科纳期的晚期阶段最后几年的陶器年代序列"。

在这几年中，威廉姆·桑德斯、大卫·韦伯斯特和他们的学生继续研究科纳期聚落和河谷的历史环境——使用黑曜石水合法测年而不是使用陶器年代学。他们的工作明确地证明了一个比我和PAC Ⅰ项目的其他研究人员所假设的"快速演变"更长的过程。现在，当人们谈论科潘的"崩溃"时，有三个方面需要考虑：公元8世纪和9世纪初的权力下放；公元822年科潘王权在政治上的崩溃；以及科潘河谷地区的人口减少和生态恶化（直到公元1200年，该流域一直被科潘占领）。

在上一章中，我们注意到，对聚落形态的研究表明，科潘河谷地区的聚居程度和人口密度都很高。有人认为，人口的组织程度已经达到了国家水平，数量大大超过了科潘河谷内无主农田所能支持的人口。这无疑导致了科潘人内部竞争日益激烈，也可以说导致了雅什·帕克为了保持社会团结而做出的一些相当绝望的改革。

科纳期的社会分层在建筑上的体现很有特点。建筑规模和表面装饰的数量与复杂程度似乎是我们辨别社会地位的最好证据。即使在坟墓中，建筑也可能反映了社会地位。一方面，墓葬的范围从简单的坟墓，到有墓碑的坟墓，到墓穴，到有墓碑的墓室，到少数有墓碑的拱顶墓室。另一方面，即使是在较为丰富的墓葬中，精巧的陶器和玉器随葬品也不像早期的阿克比期那样常见。地位似乎是依靠耗费的劳动力和劳动力所能完成的庞大工程量来衡量的，而不是通过物品的炫耀。这意味着这个制度已经变成了劳动剥削，上层阶级动员下层民众的力量为他们建造建筑及纪念碑。

这一制度在王室中得到了最明显的反映，但同样的制度模式在山谷的其他地方也通过社会等级向下复制，这在聚落的类型学研究中可以观察到：显然，拥有比同时期的人更大的住所更值得夸耀。因此，分层产生了剥削行为，以及非常明显的物理上和象征性的表现，有助于扩大精英阶层和同时代其他人之间的差距。再加上基于种族归属的社会内部冲突的可能性，在经济短缺和传染性疾病泛滥的时期，内部冲突将被提升到一个激烈的程度。

但在雅什·帕克统治的后期，谁可能是他的挑战者呢？埃里克·汤普森长期以来一直强调农民起义的作用，许多研究者认为他的假设是合理的。在更高的社会阶层，根据 16 世纪尤卡坦岛的玛雅编年史以及全球其他地区的比较材料，可以认为一个敌对世系或一系列敌对世系和结盟的派系可能参与了政权颠覆。在更远的地方，东南地区的敌对政体很有可能参与其中。在洪都拉斯中部和萨尔瓦多西部发展起来的一些城镇有密集的人口，通过这些地点的特点看，科潘很可能正在进行社会复杂化和政治集中化。当然，整个地区正经历着显著的人口增长，任何一个城镇对科潘的主导地位不满，都可能对科潘统治者构成军事威胁。

贵族们的叛乱

我一直认为，贵族之间或贵族与科潘王朝之间的竞争，可能是导致王国崩溃的重要原因。我认为，在科潘——很可能在其他许多历史悠久的古典期城市——发生的不是农民起义，而是贵族起义。与此类似的例子还有尤卡坦北部的玛雅潘城，在后古典期晚期，对立派别之间的紧张关系导致了一个不受欢迎的世系首领的下台：

他们是这样做的，除了一个已经离开的儿子以外，他们杀死了他全部的子嗣。他们洗劫了他的房子，夺走了他种植可可和其他水果的土地，说是让他为他从他们那里夺走的东西付出了代价。科科默斯（Cocoms）和西乌斯（Xius）之间的争斗持续了很长时间，科科默斯人说他们被不公正地驱逐了，以至于他们在这座城市居住了 500 多年后，在孤独中离开了它，双方都回到了自己的土地。

从非历史证据中可能很难确定这种贵族间冲突的具体情况，当然也很难确定科潘的世系竞争的性质和强度。不过，从文字记载来看，似乎确实有体制内高层政治的紧张。如果雅什·帕克确实陷入了科潘当时强大的贵族家族之间的纷争，那就可以解释为什么要花费这么大的力气在河谷中为他们制作纪念碑。贡品是这个国家的命脉，其中很大一部分是通过最大、最古老、最强大的家族来输送的。这些重要的贵族世系的首领们必须通过保障他们与统治者之间的良好关系，使这个系统繁荣起来；而铭文石凳和外墙装饰是雅什·帕克通过他的权力表现的一种高度可见的、独特的且相当昂贵的象征性姿态。在上一章中，我们注意到一个非王室的"朝臣"府邸是为居住在萨普杜拉斯CV-43A 号建筑和9N-82 号建筑中的贵族首领设立的。在对河谷中的其他类型 3 和类型 4 遗址的进一步发掘中可能会发现，雅什·帕克为这两类遗址的居住者设立了类似的府邸。

这里需要注意的是，黑曜石水合法测年显示，科潘河谷里的类型 4 贵族院落在公元 9 世纪仍在建造和使用，有些甚至延续到了 10 世纪，这表明居住在那里的家庭有足够的土地和财富来源，可以在政治崩溃中幸存下来，而不会出现重大问题。考虑到可用的职位不多，即使允许雅什·帕克设立几个新的"象征性"的公职，相对于那些大量自认为是候选人的精英男性，国王不可能让所有的人都一直满意。

造成政治制度混乱的另一个重要的因素可能是种族间的冲突。如前所述，有证据表明，在公元 8 世纪和 9 世纪，至少有一些非玛雅人居住在科潘的萨普杜拉斯居住区。他们的数量、分布范围和社会地位无法通过我们目前已有的证据准确判定，派别主义和社会暗流的可能性显然难以准确估计。尽管如此，与 16 世纪的记载相比，毫无疑问，它们是历史进程中的重要因素。在私人交流中，威廉姆·桑德斯曾向我提出，非玛雅人团体可能帮助了基里瓜的考阿克·斯基击败了 18 兔子，这种短暂的联盟可能同样会对 18 兔子的继任者造成麻烦。

王室的最后一块铭文碑

无论导致科潘政治崩溃的社会冲突的性质和来源如何，其影响是不可否认的。在 Ⅱ 号石碑上，我们看到了一幅雅什·帕克的晚期肖像，它被放置在 10L–18 号建筑底部的一块雕刻粗糙的小圆柱形石头中。他的额头上有一把冒烟的斧头，象征着他作为 K 神的化身，他是玛雅国王和王室血统的守护者。他站在一个贝壳上，贝壳象征着他死后生存的冥界。Ⅱ 号石碑上虽然没有死亡日期，但出现了历法上的日期"8 阿哈瓦"，这很可能是指 9.19.10.0.0　8 阿哈瓦 8 许尔的结束或公元 820 年。我们可以准确地推断，在这个日期雅什·帕克（几乎可以肯定当时他已经 70 岁了）已经死亡。铭文学家们注意到，Ⅱ 号石碑的铭文也说，创始人的家族（雅什·库克·莫王朝）至雅什·帕克结束。

Ⅱ 号石碑，展示了第 16 代统治者雅什·帕克的遗像，他额头上的被烟环绕的斧子表明了他的神化，他站在象征冥界的贝壳之上

　　Ⅱ号石碑的死亡意象及其在 18 号神庙旁的位置，使鲍德兹和他在 PAC Ⅰ 项目中的同事们得出结论，这座建筑是为了安置雅什·帕克的遗体而建造的，雅什·帕克的名字出现在该建筑外室和内室门框上装饰的 4 块板子的 2 幅画像旁；在该建筑内室的地板下，有一个拱形墓室建在其中。墓葬曾在古代被洗劫一空，盗墓者只留下一些零星的人骨碎片、一颗碎玉珠和一块刻花的光滑瓶子的碎片。西南人像板的头部是由雪莉·莱恩（Sheree Lane）和我在球场 B（距 18 号神庙西南约 320 米处）的调查中发现的，在该区域发现了许多普鲁姆贝特的陶罐（年代为公元 9 世纪）和绿色黑曜石（此时在玛雅南部地区经常与普鲁姆贝特陶器一起发现）。雅什·帕克的坟墓很有可能在他死后的某个时候被洗劫一空，他的神庙也被洗劫一空。事实上，Ⅱ号石碑被发现时本体已被破坏成两截。

　　在这种情况下，科潘 L 号祭坛就显得更加有趣了。这座长方形的祭坛位于 A 号球场最终版本的北面看台之上，是唯一一座没有完成的祭坛：正面（南面）已经雕刻完，背面（北面）已经开始雕刻，但没有刻完。上、东、西三面根本没有开始雕刻。正面有一列三字形的单字，置于两个坐着的人中间。文字是"3 奇克察恩 3 沃，楚万（chumwan）"，尼古拉·格鲁布和琳达·席勒读作 9.19.11.14.5　3 奇克察恩 3 沃，"统治者的座位"（公元 822 年 2 月 10 日）。在观看人右侧的人物是雅什·帕克，可从他身下的姓名字形和他死时戴着的胡子辨认出来（就像Ⅱ号石碑所展示的）。

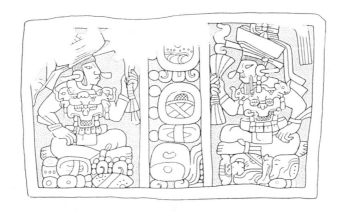

科潘的 L 号祭坛。在已经完成的南侧，鸟·赛特·托克与 Q 号祭坛上的创始人雅什·库克·莫一样，坐在祭坛的左边，雅什·帕克坐在右边，北面的雕刻没有完成

这肯定不是雅什·帕克的登基日期——6 卡波安 10 摩尔，在整个城市的许多纪念碑和石香炉上都有记载，而且仍然可见——因此 L 号祭坛上的座位参考一定与左边的人物有关。这个人物坐在两个字形上，格鲁布和席勒把这两个字形读作"乌·赛特·托克"（燧石的守护者），他们认为这是科潘的第 17 任统治者。铭文学家进一步指出，乌·赛特·托克的位置与 Q 号祭坛上王朝创始人雅什·库克·莫的位置相似。

如果认为这些对一个非常简短和不完整的文本的解读是正确的话，那么乌·赛特·托克似乎没有获得与真正的统治者相称的民众支持。祭坛的雕刻本可以作为他的继位纪念碑，但却从未完成，这至少说明他缺乏长期的支持。同样能说明问题的方面是，这个小纪念碑是在以前建造的公共场所雕刻的。与雅什·帕克在他登基后建造的巨大的 Ⅱ 号神庙相比，这很难构成令人信服的民众支持的表现。

最后，为什么雅什·帕克的死亡和乌·赛特·托克宣布继位之间隔了一年多时间？这是科潘已知最长的过渡期，或许意味着王国的衰落和继承的中断。难道他是一个河谷贵族，他的主张没有得到他的同伴支持？我认为这个人是一个悲剧性的人物，当血统和政治派别阻止了新王的延续时，他却试图登上科潘王位。具有历史讽刺意味的是，他在继位祭坛上宣布新王朝开启并以其首位成员的身份结束。

从河谷的角度看

但生活在整个河谷中的人们呢？以前，人们认为环境条件的恶化导致他们在中央集权统治崩溃后的两三代人内放弃了自己的家园。但现在，通过黑曜石水合法所实现的精细化测年，这一结论显得过时了，并表明在乌·赛特·托克试图夺取王位之后，科潘河谷内的人们仍在那里生活了一个多世纪。事实上，萨普杜拉斯区的大部分居住区被继续使用，大多数的测年标本显示可以延续到公元 10 世纪的末尾。9N–8 号建筑的类型 4 遗址就是一个很好的例子，主要建筑都是在书写者的房子的基础上增加的。

但宾夕法尼亚州的研究团队进行的聚落调查显示了一个开始于 9 世纪的重大人口变化，当时大量的人口迁出了科潘河谷地区：在公元 8 世纪，大约 90.0% 的人口生活在河谷内，但到公元 9 世纪末，22.7% 的人口生活在河谷外，即桑德斯和他的同事所说的外围地区。同样，桑德斯估计，从公元 850 年到 925 年，科潘河谷的农村人口数量从 10000 人下降到 5000 人。

在中央集权统治崩溃后的半个世纪里，似乎有强大的动力促使人们从科潘河谷内迁出。这个动力可能是缺乏可耕地。在科潘河谷里，陶器和雕塑的证据表明，在洼地上有可可果园，也可能有其他树木作物和园地。同样，罗伯特·内廷（Robert Netting）和桑德斯提出的内田 – 外田系统（即在靠近房屋的地块，小型集约化地栽培园地农产品，并在离房屋一定距离的大片田地里种植其他作物进行补充）似乎也得到了来自科潘的证据支持。在科潘河谷，居住密集的城市核心区缺乏足够大的面积来进行广泛的耕种，但远离核心区的山麓和山地内地区却有证据表明有梯田、集水区，甚至可能有水坝，这意味着农业的集约化。然而，从长远来看，这一策略无法满足 20000 人的需求，同时景观也发生了巨大的变化。

在上一章中，我们注意到，科潘河谷里的大片山麓地区被开垦，然后是耕地，最后还被用作住宅区。到了公元 9 世纪中叶，随着人们寻找新的耕地，森林的清理范围扩大到了更高的地方，而且随着人口的增加，对木材本身的需求也在增加。我在前段时间推测，古典期晚期对山麓的急剧清理导致表土因侵蚀而明显流失。这种侵蚀既可能是由于地面覆盖物的丧失，也可能是由于农业活动的强化，特别是短休耕或不休耕和单一种植玉米等需氮作物造成的。今天，随着新一轮的人口压力对土地的影响，科潘的某些地方正在发生类似的水土流失现象。河流以南的提利孔（Tirichon）和布埃纳维斯塔（Buenavista）地区的山坡，不仅由于大面积的清理和短暂的休耕周期而失去了最好的表层土壤，而且还通过雨季的径流，将较差的酸性土壤层沉积在山脚下和下面的底层土地上。这不仅导致无用的沉积物堆积在最适宜的土壤之上，而且还造成了有害的积水，进而导致田地积水和玉米作物的虫害。这样的顺序将导致山坡缓坡和河流阶地、优质洼地这 3 个地理区最终全部退化甚至毁灭。

当然，考虑到玉米对氮的需求，从长远角度来看，即使不考虑水土流失的风险，在河谷的任何一个区域进行短暂的休耕都会适得其反。在没有充分的再生和养分替代方法的情况下，集约化技术将导致土壤大量枯竭，而这时恰恰是最需要吃饱的时候，也是让他们都吃饱的压力最大的时候。目前，所有的证据都支持这样的假设，即砍伐森林和过度种植是造成土壤枯竭和损失的唯一原因。

埃利奥特·阿布兰姆斯和大卫·鲁最近讨论了关于砍伐森林的问题及其原因和影响。森林，特别是松树林，被用来做柴火、木炭和建筑材料，以及用于石灰的生产。考虑到上述人口数字、开垦成本以及科潘家庭会密集开发距离较近的木材资源的基本假设，阿布兰姆斯和鲁估计，在公元 600 年至 800 年之间，约 56 平方千米的松树林被移除。这将覆盖科潘河谷内整个东西长度为 12 千米的农田两侧各 1 千米宽的地带。他们指出，在对现代洪都拉斯中部地区的开垦和水土流失模式的研究中，松树林的移除使土壤的流失率比在自然过程中的流失率增加了约 25%。

我们还必须注意到，砍伐森林造成的最具有破坏性的长期影响之一是使气候变得不稳定，包括降水量的长期减少。在全球历史上，在许多"先进文明"的发源地，都曾发生过这种砍伐、集约化农业和最终破坏生态的循环，其中最引人注目的例子可能是美索不达米亚平原，它现在是一片荒芜的沙漠。与 1839 年斯蒂芬斯的描述和 19 世纪90 年代皮博迪博物馆探险队拍摄的未发表的山谷照片相比，如今科潘河谷的周期性开垦已经使地面覆盖率大大降低。事实上，许多年纪大的村民抱怨现在的雨水比他们年轻时少得多。因此，进一步的生态研究可能会证明，降水的变化和减少是在公元 9 世纪和 10 世纪的森林砍伐之后发生的，这导致了农业的进一步破坏。

显然，所有这些文化变迁和随之而来的环境恶化都对人类产生了严重影响。在科纳期晚期阶段，由于农业困难，也可能是传染性疾病的传播，营养缺乏的情况似乎已经逐步恶化。由于社会等级的关系，我们可以确信，下层阶级首先受到这种情况的影响，因为食品的数量和种类都减少了。有迹象表明，即使是 9N-8 号建筑组这样的贵族居住区也遭遇了健康危机。这里的发掘不仅发现了大量的婴儿墓葬，还发现了许多10 ～ 16 岁的人。这个年龄段的人群在正常情况下最不容易死亡，这说明即使在上层社会人群中也存在严重的疾病，可能还有营养问题。

　　中央集权统治解体后的人口减少显然是一个持久的过程，并与长期的环境恶化有关。环境破坏的证据有助于我们回答本章开头提出的问题：为什么没有恢复？首先，环境资源本身已经枯竭，以至于城市不能集中发展。其次，在科潘王朝统治的最后一个世纪，社会普遍存在的冲突和压力，使得至少在科潘河谷范围内任何一个派别都无法重建中央集权制度。在那里，王宫区及其倒塌的纪念碑就像见证其辉煌一样，见证了古典期玛雅生活方式的失败。

城市化与古典期玛雅秩序

　　最后，我们可以说，玛雅国家的核心居住模式和政治、意识形态系统都不长久。在科潘，家族间的竞争在公元 8 世纪的最后几十年达到了极致，具体表现为家族建筑的不同高度、体量和复杂程度。而且，这种竞争还超越了城邦的界限，延伸到了地区层面，如科潘和基里瓜之间的竞争。威利和施恩肯很早以前就提出了一个更大的问题——为什么古典期晚期的动荡没有导致一个统一国家的出现。为什么玛雅人没有在政治演变的阶梯上采取下一步措施，建立一个国家或几个区域性国家，使他们的城市统一在一个系统内？

　　亚瑟·德玛雷斯特提出了一个可能的答案，他和施恩肯一样，从东南亚文化中寻找玛雅的类比案例。德玛雷斯特引用了社会文化人类学家史丹利·坦比亚（Stanley Tambiah）的工作内容，他将一系列相互竞争的城邦体系定义为"脉动的星系政体"。这些政治实体的特点是对土地及其产品的控制力很弱，其政治权威更多的是基于统治者的魅力，以及其对臣民表达关心的仪式的频率和有效性，而不是真正的制度化权力。这种结合导致了一个高度动荡的政治格局，竞争的城镇根据其个别统治者的政治命运和威望不断地变化和消退。这就造成了一种脉动效应，一个政体在壮大的同时，另一个政体的规模和重要性也在下降。这样的政治制度有许多内在的结构性弱点，以至于在政治上很难统属于一个王室。

更进一步，乔伊斯·马库斯最近提出了一个"动态模型"，用于解释玛雅低地地区的中央集权和分权循环，该模型基于对 16 世纪和 17 世纪玛雅人的民族历史文献以及后古典期与古典期玛雅人的民族历史、书信和考古资料的分析。马库斯认为，玛雅人能够根据"穆尔·特帕尔"或"联合统治"的概念形成大的区域性国家。在她看来，这些大国是沿着四方和四层的等级组织起来的。玛雅潘城和奇琴伊察是后古典期的"穆尔·特帕尔"的例子，而（根据 18 兔子南侧的科潘 A 号石碑）科潘、蒂卡尔、卡拉克穆尔和帕伦克是公元 731 年的古典期的例子。这些大型政体的中心统治着二级中心、三级中心和村庄。值得注意的是，如果我们相信刻在石头上的铭文的话，初级中心之间从未发生过战争。根据马库斯的说法，问题总是出现在二级中心。面对着是成为联合统治体系的一部分并拥有更大的稳定性（以他们的自主权为代价），还是独立于这个体系并享有更大的自主权（以增加战争为代价）的问题，不同的城镇和家族之间的联盟不断有破裂的风险。二级中心的领主们控制着大片的资源和众多人口，是整个等级体系中的薄弱环节。当他们脱离首都时——就像 738 年基里瓜脱离科潘一样——他们促成了联合统治的瓦解，恢复到自治的政治格局。在这种模式下，至少从公元 534 年到被西班牙征服前，统一和瓦解一直持续进行，这说明了这一时期各中心之间的政治关系存在着流动性。

缺乏政治统一可能也有一定的现实原因（巨大的运输和物流问题阻碍了玛雅低地地区的大规模统一），也有玛雅文化的社会和宗教结构的原因。科潘和几乎所有其他的古典期玛雅中心都显示出一种根本不适应城市化或帝国建设的文化体系。与将工匠和外来群体划分为不同的居住单元不同，如在墨西哥中部的特奥蒂瓦坎和特诺奇蒂兰，玛雅人的居住模式是以亲属关系为基础的，或以亲属和宗主关系为基础的，如在科潘的 9N–8 号建筑。玛雅社会直至古典期结束及以后，在一般情况下都是沿着亲属关系组织起来的，许多人类学家会用这一特征来否认它达到了国家等级。尽管 10L–22A 号建筑中所代表的波波尔纳（"议事屋"或"社区之家"）被最后 3 位科潘国王用来从他们的领地的各个地区引入代表，这也许可以作为一种手段，让他们对王国和人民的未来负责，但这一政策不足以战胜河谷内持有土地的贵族们的寄生性行为。

古典期玛雅中心作为"王权－仪式"型城市或一个小王国，如果你愿意——可以跟随金字塔顶端的贵族社会阶层的政治命运而跌宕起伏。以祖先崇拜和统治者崇拜为重点的宗教和政治系统，并没有提供一个足够强大的整合机制以超越地方间的争斗，也没有克服古代中美洲的环境和技术对统一造成的巨大阻碍。然而，玛雅人的集体努力、他们辛勤劳动的不朽成果以及国王和民众在本民族历史上的作用，仍然令全世界研究人类文化的学者为之着迷。

参考文献

BAUDEZ C F. Introduccíon a la Arqueologia de Copan(3vols)[M]. Tegucigalpa: Secretaria de Estado en el Despacho de Cultura y Turismo, 1983.

COE M D. The Maya scribe and his world[M]. New York: The Grolier Club, 1973.

Copán Mosaics Project and Instituto Hondureño de Antropología e Historia. The Copán notes[M]. Texas: Kinko's Copies, 2914 Medical Arts St., 1985-1991.

CULBERT T P. The classic Maya collapse[M]. Albuquerque: University of New Mexico Press, 1973.

FASH W L. Deducing social organization from classic Maya settlement patterns: a case study from the Copan Valley[M]//Civilization in the ancient Americas: essays in honor of Gordon R. Willey. Albuquerque: University of New Mexico Press, 1983.

GORDON G B. The hieroglyphic stairway, ruins of Copán[M]. Cambridge, Mass: Harvard University Press, 1902.

LONGYEAR J. Copan ceramics: a study of south-eastern Maya pottery[M]. Washington, D.C.: Carnegie Institution of Washington, 1952.

MARCUS J. Emblem and state in the classic Maya lowlands[M]. Washington, D.C.: Dumbarton Oaks Research Library and Collection, 1976.

MAUDSLAY A P. Biologia centrali-Americana: archaeology(5vols)[M]. London: Dulau and Co, 1889-1902.

MORLEY S G. The inscriptions at Copan[M]. Washington, D.C.: Carnegie Institution of Washington, 1920.

PROSKOURIAKOFF T. An Album of Maya architecture[M]. Washington,D.C.: Carnegie Institution of Washington, 1946.

ROBICSEK F. Copán: home of the Mayan gods[M]. New York: Museum of the American Indian, 1972.

SANDERS W T. Excavaciones en el Area Urbana de Copan(Vol.1)[M]. Tegucigalpa: Instituto Hondureño de Antropología e Historia, 1986.

SCHELE L, DAVID F. A forest of kings: the untold story of the ancient Maya[M]. New York: William Morrow and Co., 1990.

SHARER R J.Ouirigua. A classic Maya center and its sculptures[M]. Durham: Carolina Academic Press, 1990.

STEPHENS J L. Incidents of travel in central America, Chiapas, and Yucatan[M]. New York: Harper and Brothers, 1841.

TOZZER A M. Landa's relacion de las Cosas de Yucatan[M]. Cambridge, Mass.: Papers of the Peabody Museum of American Archaeology and Ethnology, Harvard University (Vol. 18), 1941.

WEBSTER D. The house of the Bacabs, Copan, Honduras[M]. Washington, D.C: Dumbarton Oaks Research Library and Collections, 1989.

WILLEY G R, RICHARD M L, WILLIAM L F. Maya settlement in the Copan Valley[J]. Archaeology, 1978, 31(4): 32-43.

致　谢

任何对科潘遗址的综合性研究都凝结了许多人的共同努力。遗憾的是，此处只能提及其中少数几位。戈登·威利的科潘河谷调查项目是科潘现代考古学的发端，他提出的创见和打下的基础尤为值得我们感谢。接下来由洪都拉斯政府资助的两个阶段的科潘考古项目的负责人——克劳德·鲍德兹（第一阶段）和威廉姆·桑德斯（第二阶段）同样对此提供了支持。中美洲银行赞助了（项目的）第一阶段（1977—1980 年），而世界银行赞助了（项目的）第二阶段（1980—1985 年），桑德斯和他的合作者大卫·韦伯斯特从国家科学基金会和其他项目里也争取了补充经费。

洪都拉斯人类学与历史研究所稳定地支持了全部的科潘现代考古项目。特别要感谢该研究所的所长——何塞·玛里亚以及他的继任者维克托·科鲁兹·雷耶斯、里卡多·阿圭西亚·法斯奎利、威托·维利兹·拉米雷斯和何塞·阿德安·奎瓦，尤其是里卡多·阿圭西亚·法斯奎利给出的建议以及奥斯卡·科鲁兹·梅尔加（洪都拉斯人类学与历史研究所在科潘地区的代表）在过去至少 15 年以来无法衡量的善待。项目中全部的（但在本书中只列举了少量的）插图和此处提到的大部分研究的成果都彰显了洪都拉斯人类学与历史研究所的友好和热情。同样地，本人对拉斐尔·莱昂纳多·卡列加斯教授对科潘工作的个人兴趣表示感谢。多年以来，我们受到科潘废墟小镇热情友善的人民的招待，并与他们结下了深厚的友谊，在大多数情况下，还与他们结成了工作伙伴。

（按照最开始资助的年份顺序）田野研究中心、北伊利诺大学、国家地理协会、国家科学基金会、国家人文科学基金会、温纳 – 格伦基金会（人类学研究课题）、H.J. 海因茨三世慈善基金、国际学者交流委员会（富布莱特项目）、洪都拉斯人类学和历史研究所、美国国际发展中心、得克萨斯大学、宾夕法尼亚大学、杜兰大学以及前哥伦布时期的科潘研究会通过洪都拉斯社会投资基金会逐年资助了科潘潘马赛克项目（1985年至今）、象形文字台阶金字塔项目（1986—1989 年）和科潘卫城考古项目（1988 年至今）。在此特别对国家地理协会长期以来的兴趣和赞助，以及对乔治·斯图尔特（国家地理协会的高级助理编辑）的主张、建议和他将意义重大的发现——劳尔·帕文·阿布雷乌文书捐赠给洪都拉斯人类学和历史研究所表达敬意。

在本人的指导下参与这些研究项目的许多同事是研究事业取得全面成功所必需的部分，尤其是复杂修复项目的合作者卡洛斯·鲁迪·拉里奥斯·维拉尔塔，以及我们主要的艺术家和雕塑的重建者——芭芭拉·W. 费什。

科潘卫城考古项目的内容是通过另外 3 位合作者的突出贡献实现的，他们是罗伯特·J. 希勒（负责东庭院的调查）、里卡多·阿奎西亚（负责 16 号金字塔的调查）以及 E. 威利斯·安德鲁斯（负责 10L–2 号建筑的调查）。

对基础研究至关重要的是由（按照参与时间的先后顺序排名）琳达·席勒、大卫·斯图尔特、尼古拉·格鲁布和弗洛伊德·劳恩斯伯里推进的象形文字释读工作，同样提出创见的还有彼得·马修斯和斯蒂芬·休斯顿。席勒和斯图尔特通过学习还绘制了很多铭文图案，也对考古遗存提出了非常有价值的历史见解。关于雕塑的图像学研究是由芭芭拉·费什、琳达·席勒、杰夫·卡尔·科瓦斯基和大卫·斯图尔特主导的。

其他项目成员包括大卫·塞达特、阿方索·莫拉莱斯、简 – 皮埃尔·蔻劳、胡安·拉蒙·古雷拉、费尔兰多·洛佩兹、雷纳斯·弗洛雷斯和在更早一个阶段参与科潘研究的里卡多·莱文特哈尔、B. L. 特纳三世、威廉·强森、盖尔·马胡德、雷内·维埃尔、伯特霍德·里斯、艾利奥特·阿布姆斯、大卫·鲁、安科林勒·弗雷特和温迪·阿什莫尔。非常感谢大卫·格鲁夫引介泰晤士 – 哈德逊出版社给本人出版本书。还有很多谢意要献给我的学生们和老威廉·L. 费什和露丝·E. 费什、罗恩和里·费什、查尔斯·洛斯卡、艾琳娜·费什、唐和帕特·沃什切尔、罗恩和雅克·马萨洛斯基、赛希尔和帕梅拉·布朗、詹姆斯和南茜·诺里斯、约翰和莉莉·拉图雷特、伊恩·格拉汉姆、玛丽亚·阿玛利亚·阿奎西亚、伯特哈·莉迪亚·库鲁兹、卡尔拉·卡斯塔内达、J. 劳尔和玛丽娜·威尔奇兹以及克里斯蒂亚纳·鲁菲·菲古罗阿。由衷感谢乔治和马塔·莫兰菲，多年来使用他们的电话、传真机和汽车，向他们的专注、友善和我们的友谊致敬。

译后记

2018 年初夏，我有幸到访洪都拉斯科潘遗址，为期一个月的工作和生活使我对玛雅文化以及科潘遗址有了最直观和最真切的感受。

《书写者、武士和国王：科潘城邦和古代玛雅》是我在科潘工作期间读的第一本有关玛雅文化的外文著作。在第一眼看到这个书名时，我就对它产生了浓厚的兴趣，而且本书的作者是哈佛大学人类学系赫赫有名的威廉·L. 费什教授，他是享誉世界的玛雅文化研究领域的权威专家。除此之外，此次科潘考古队项目负责人、中国社会科学院考古研究所的李新伟教授告诉我，"这本书是研究科潘考古必读的七八本书之一"，可见该书的分量和地位。

更幸运的是，在李新伟教授的引导和带领下，我对书中提到的大广场、鹦鹉球场、象形文字台阶金字塔、王宫区建筑群等重要遗址点，以及遗址区和博物馆展示的各类石雕、神庙、祭坛、石碑等珍贵文物都有近距离的体验和观察。可能是有现场感的缘故，读这本书并不费劲，当然更重要的原因是作者深厚的学术功底和丰富的工作经历。本书对科潘的研究历程、主要发现、文化特质、君主国王、兴衰过程等内容的叙述条理清晰、简明扼要，加上书中精美的插图和照片，能给每位读者留下非常深刻的印象。而它带给我的感受就是"纯粹"，虽说是专业书籍，但也能面向公众，它讲述的是一个关于科潘和玛雅最完整的故事。

正因为这样的深刻印象和经历，当我的同事陈明辉谈起"世界古文明译丛"的立项书目时，我毫不犹豫地向他推荐了这本书。李新伟先生也向威廉教授转达了我们翻译的计划，并得到了他的支持和同意，在浙江大学出版社顺利拿下了翻译版权之后，我和张森便开始了本书的翻译工作。

经商议，本书由我翻译前言、致谢以及正文第一章到第五章，张森翻译第六章到第九章，文中的插图、脚注由两人共同翻译，最后由我统稿校对，存疑之处则请李新伟先生帮忙勘误，对此深表感谢。

最后，本书作为浙江省文物考古研究所"世界古文明译丛"书目之一，得到了浙江省委宣传部"良渚文化宣传经费"、杭州市良渚遗址管理区管理委员会和良渚博物院的大力支持，在此一并致谢。

考虑到翻译水平有限，对于译文中可能出现的错漏，我们深表歉意，也敬请读者朋友批评指正！

孙瀚龙

2022 年 6 月